plein pot SUP

exercices de comptabilité générale

Enseignement supérieur, BTS, DUT tertiaires

Éric Dumalanède
agrégé d'économie et gestion

FOUCHER

Collection Plein Pot Sup

Comptabilité et gestion

Comptabilité générale, Éric Dumalanède
Comptabilité de gestion – Gestion prévisionnelle, Henri Davasse, Georges Langlois
Fiscalité de l'entreprise, Patrick Mykita, Chérif-Jacques Allali
Comptabilité des sociétés, Patrick Mykita, Chérif-Jacques Allali
Analyse financière, Chantal Buissart

ISBN 2-216-10253-9

Avant-propos

En complément de l'ouvrage *Comptabilité générale,* dans la collection Plein Pot, ces exercices de comptabilité générale ont été conçus afin de vous permettre de tester vos connaissances.

Ces exercices sont classés par ordre de difficulté croissante.

Les premiers exercices sont des exercices simples vous permettant de vérifier vos connaissances de base. Ils mettent l'accent sur des points techniques classiques de la comptabilité générale.

Les derniers exercices plus complets, nécessitent le dépouillement d'informations comptables plus importantes. Ces exercices récapitulent les points techniques préalablement évoqués, ainsi que des points nouveaux, non encore appréhendés, de manière à couvrir l'ensemble des difficultés que vous êtes susceptibles de rencontrer dans un extrait d'étude de cas portant sur la comptabilité générale.

Cet ouvrage intègre les dernières évolutions du PCG liées aux avis et règlements du CRC, nouvelles normes IAS/IFRS.

Éric Dumalanède

Sommaire

Entraînement

E 1 Des comptes aux documents de synthèse simplifiés

1 Enregistrements au grand livre et compte de résultat

L'entreprise MARKS présente au 1er décembre *N* le bilan suivant :

Au 01-12-*N* en €

Actif		BILAN Passif	
Constructions	350 000	Situation nette	250 000
Stocks de marchandises	40 000	Emprunt	120 000
Créances clients	10 000	Dette fournisseurs	50 000
Banques	20 000		
	420 000		420 000

Les opérations effectuées courant décembre par l'entreprise sont les suivantes :

02-12 Vente de marchandises 62 000 €. Règlement par chèque bancaire.

05-12 Achat de marchandises 6 000 €. Règlement à crédit.

08-12 Réglé la facture d'électricité 1 400 € par chèque bancaire.

12-12 Achat de mobilier : 5 800 €. Règlement par chèque bancaire.

22-12 Paiement des salaires 20 000 € par chèque bancaire.

28-12 Achat de marchandises 12 000 € à crédit.

1. *Ouvrez les comptes du grand livre.*
2. *Enregistrez les opérations de décembre.*
3. *Présentez le compte de résultat au 31 décembre* N, *sachant que le stock de marchandises au 31 décembre* N *s'élevait à 20 000 €.*

Corrigé

1. Enregistrement au grand livre

Comptes de bilan

D	213 Constructions	C
	350 000	

SD = 350 000

D	Situation nette	C
		250 000

À déterminer

D	411 Créances clients	C
	10 000	

SD = 10 000

D	164 Emprunt	C
		120 000

SC = 120 000

D	2 184 Mobilier	C
(12)	5 800	

SD = 5 800

D	401 Dettes fournisseurs		C
		50 000	
		6 000	(5)
		12 000	(28)

SC = 68 000

D	512 Banques		C
	20 000	1 400	(8)
(2)	62 000	5 800	(12)
		20 000	(22)

SD = 54 800

Comptes de gestion

D	607 Achats de marchandises	C
(5)	6 000	
(28)	12 000	

SD = 18 000

D	606 Frais électricité	C
(8)	1 400	

SD = 1 400

D	641 Salaires	C
(22)	20 000	

SD = 20 000

D	707 Ventes de marchandises	C
		62 000

SC = 62 000

2. Régularisation du stock en fin de période

D	37 Stock de marchandises	C
	40 000	40 000
	20 000	

SD = 20 000

Annulation du SI

Constat du SF

D	6037 Variation des stocks	C
	40 000	20 000

SD = 20 000

Comptes de bilan

Comptes de gestion

3. Compte de résultat

Charges	COMPTE DE RÉSULTAT	Produits	
Achats de marchandises	18 000	Ventes de marchandises	62 000
Variation des stocks	+ 20 000		
Frais d'électricité	1 400		
Salaires	20 000		
Bénéfice	2 600		
Total	62 000	Total	62 000

D	Situation nette	C
		250 000
		2 600

SC = 252 600

2 Du grand livre au compte de résultat

L'entreprise industrielle SPENCER vous communique la situation, au 30 novembre *N*, des comptes de gestion suivants :

– Achats stockés – Matières premières	85 000 €
– Achats non stockés de matières et fournitures	28 000 €
– Publicité, publications, relations publiques	5 000 €
– Transport	1 400 €
– Primes d'assurance	3 200 €
– Documentation générale	2 700 €
– Frais postaux et de télécommunications	1 550 €
– Services bancaires	980 €
– Honoraires	5 400 €
– Locations	2 900 €
– Entretien et réparations	1 800 €
– Rémunérations du personnel	25 000 €
– Charges financières	2 500 €
– Ventes de produits finis	175 000 €
– Produits divers de gestion courante	8 000 €

L'entreprise a réalisé, courant décembre, les opérations suivantes :

02-12 Vente de produits finis : 18 300 €. Règlement par chèque bancaire.
04-12 Paiement par chèque bancaire de la facture du garagiste : 2 400 €.
07-12 Encaissement de location de bureaux : 3 500 €.
09-12 Paiement de primes d'assurance, par chèque bancaire : 800 €.

12-12 Paiement de commissions bancaires. Prélèvement sur compte de 1 050 €.
15-12 Achat de matières premières : 6 000 €. Paiement à crédit.
17-12 Règlement par chèque bancaire d'un plein de carburant : 50 €.
18-12 Paiement par chèque bancaire d'un abonnement à une revue documentaire : 100 €.
20-12 Vente de produits finis : 8 250 €. Un tiers au comptant par chèque bancaire, le solde à crédit.
22-12 Facture de téléphone : 1 300 €. Règlement par chèque bancaire.
27-12 Achat à crédit de matières premières : 4 500 €.

1. Enregistrez les opérations dans les comptes du grand livre de l'entreprise.
2. Présentez le compte de résultat de l'exercice, sachant que le stock de matières premières au 1er janvier* N *était de 14 700 € et au 31 décembre* N *de 16 400 €.
Le stock de produits finis n'a pas varié.

Corrigé

1. Grand livre de l'entreprise SPENCER

Comptes de gestion

601 Achats stockés Matières premières

	D	C
	85 000	
(15)	6 000	
(27)	4 500	

SD = 95 500

606 Achats non stockés Matières et fournitures

	D	C
	28 000	
(17)	50	

SD = 28 050

Publicité, publications

	D	C
	5 000	

SD = 5 000

624 transports

	D	C
	1 400	

SD = 1 400

616 Primes d'assurance

	D	C
	3 200	
(9)	800	

SD = 4 000

618 Documentation générale

	D	C
	2 700	
(18)	100	

SD = 2 800

626 Frais postaux Télécommunications

	D	C
	1 550	
(22)	1 300	

SD = 2 850

627 Services bancaires

	D	C
	980	
(12)	1 050	

SD = 2 030

Honoraires

	D	C
	5 400	

SD = 5 400

613 Locations

	D	C
	2 900	

SD = 2 900

615 Entretien et réparations

	D	C
	1 800	
(4)	2 400	

SD = 4 200

641 Rémunérations du personnel

	D	C
	25 000	

SD = 25 000

D	66 Charges financières	C
2 500		
SD = 2 500		

D	701 Ventes de produits finis	C
	175 000	
	18 300	(2)
	8 250	(20)
SC = 201 550		

D	758 Produits divers de gestion	C
	8 000	
	3 500	(7)
SC = 11 500		

Comptes de bilan

D		512 Banques	C
	...	2 400	(4)
(2)	18 300	800	(9)
(20)	2 750	1 050	(12)
		50	(17)
		100	(18)
		1 300	(22)

D	53 Caisse	C
	...	
(7)	3 500	

D	401 Dettes fournisseurs	C
	...	
	6 000	(15)
	4 500	(27)

D	411 Créances clients	C
	...	
(20)	5 500	

2. Régularisation du stock de matières premières

D	31 Stock de matières premières	C
14 700	14 700	
16 400		
SD = 16 400		

D	6031 Variation des stocks	C
14 700	16 400	
SC = 1 700		

Annulation du SI

Constat du SF

3. Compte de résultat

Charges	COMPTE DE RÉSULTAT	Produits	
Achats stockés matières premières	95 500	Ventes de produits finis	201 550
Variation des stocks	– 1 700	Produits divers	11 500
Achats non stockés	28 050		
Publicité, publications	5 000		
Transport	1 400		
Primes d'assurance	4 000		
Documentation générale	2 800		
Frais postaux et de télécommunications	2 850		
Services bancaires	2 030		
Honoraires	5 400		
Locations	2 900		
Entretien et réparations	4 200		
Rémunérations du personnel	25 000		
Charges financières	2 500		
Bénéfice	33 120		
Total	213 050	Total	213 050

3 DES OPÉRATIONS DE BASE AUX DOCUMENTS DE SYNTHÈSE

L'entreprise TRACY vous communique : la balance par soldes au 31 mars *N*, les opérations effectuées courant avril *N*.

Balance au 31 mars *N* :

Comptes	Soldes	
	débiteurs	créditeurs
Comptes de bilan		
Capital	1 000 000	
Emprunts auprès des établissements de crédit		877 000
Terrains	350 000	
Constructions	720 000	
Matériel de transport	90 000	
Matériel de bureau et matériel informatique	110 000	
Mobilier	80 500	
Stocks de marchandises	43 500	
Dettes fournisseurs		53 000
Créances clients	64 000	
Banques	38 000	
Caisse	2 000	
Comptes de gestion		
Achats de marchandises	440 000	
Locations	80 000	
Entretien et réparations	8 900	
Primes d'assurance	12 000	
Publicité	15 400	
Transports	22 750	
Frais postaux et frais de télécommunications	1 550	
Impôts et taxes	8 700	
Rémunération du personnel	88 300	
Ventes de marchandises		164 600
Produits des activités annexes		81 000
Totaux	2 175 600	2 175 600

Opérations effectuées courant avril *N* :

04-04 Achat à crédit de marchandises : 42 300 €.
07-04 Vente de marchandises : 38 000 €. Règlement par chèque bancaire.
08-04 Paiement par chèque bancaire de la facture de gaz et d'électricité : 3 430 €.
09-04 Règlements des clients par chèques bancaires : 9 300 €.
10-04 Règlements des fournisseurs par chèques bancaires : 11 200 €.
13-04 Réparation du véhicule de la société : 3 400 €. Règlement par chèque bancaire.
15-04 Encaissement de loyers : 4 300 €.
17-04 Honoraires d'architecte : 8 200 €. Chèque bancaire.
20-04 Achat au comptant de matériel informatique : 14 000 €. Paiement par chèque bancaire.

E

Entraînement

1. Ouvrez les comptes au 1er avril N en séparant les comptes de bilan et les comptes de gestion.
2. Enregistrez les opérations du mois d'avril N.
3. Présentez la balance par soldes au 30 avril N, après régularisation du stock, sachant que le stock final de marchandises s'élève à 45 000 F.
4. Présentez le compte de résultat au 30 avril N.
5. Présentez le bilan de l'entreprise TRACY au 30 avril N.

Corrigé

1. 2

Comptes de bilan

101 Capital

	D	C	
		1 000 000	

SC = 1 000 000

164 Emprunts auprès des établissements de crédit

	D	C	
		877 000	

SC = 877 000

401 Dettes fournisseurs

	D	C	
(10)	11 200	53 000	
		42 300	(4)

SC = 84 100

211 Terrains

	D	C	
	350 000		

SD = 350 000

213 Constructions

	D	C	
	720 000		

SD = 720 000

2182 Matériel de transport

	D	C	
	90 000		

SD = 90 000

2183 Matériel de bureau et informatique

	D	C	
	110 000		
(20)	14 000		

SD = 124 000

2184 Mobilier

	D	C	
	80 500		

SD = 80 500

37 Stocks de marchandises

	D	C	
	43 500	43 500	(30)
(30)	45 000		

SD = 45 000

411 Créances clients

	D	C	
	64 000	9 300	(9)

SD = 54 700

512 Banques

	D	C	
	38 000	3 430	(8)
(7)	38 000	11 200	(10)
(9)	9 300	3 400	(13)
		8 200	(17)
		14 000	(20)

SD = 45 070

53 Caisse

	D	C	
	2 000		
	4 300		

SD = 6 300

Comptes de gestion

607 Achats de marchandises

	D	C	
	440 000		
(4)	42 300		

SD = 482 300

613 Locations

	D	C	
	80 000		

SD = 80 000

615 Entretien et réparations

	D	C	
	8 900		
(13)	3 400		

SD = 12 300

616 Primes d'assurance

	D	C	
	12 000		

SD = 12 000

623 Publicité

	D	C	
	15 400		

SD = 15 400

624 transports

	D	C	
	22 750		

SD = 22 750

626 Frais postaux et de télécommunications

	D	C	
	1 550		

SD = 1 550

63 Impôts et taxes

	D	C	
	8 700		

SD = 8 700

64 Rémunérations du personnel

	D	C	
	88 300		

SD = 88 300

D	606 Gaz et électricité	C
(8)	3 430	
	SD = 3 430	

D	622 Honoraires	C
(17)	8 200	
	SD = 8 200	

D	6037 Variation des stocks de marchandises		C
(30)	43 500	45 000	(30)
	SC = 1 500		

D	707 Ventes de marchandises	C
		164 000
		38 000 (7)
	SC = 202 600	

D	708 Produits des activités annexes	C
		81 000
		4 300 (15)
	SC = 85 300	

3. Balance au 30 avril *N*

N°	Comptes	Soldes	
		débiteurs	créditeurs
	Comptes de bilan		
101	Capital	1 000 000	
164	Emprunts auprès des établissements de crédit		877 000
211	Terrains	350 000	
213	Constructions	720 000	
2182	Matériel de transport	90 000	
2183	Matériel de bureau et informatique	124 000	
2184	Mobilier	80 500	
37	Stocks de marchandises	45 000	
401	Dettes fournisseurs		84 100
411	Créances clients	54 700	
512	Banques	45 070	
53	Caisse	6 300	
	Comptes de gestion		
607	Achats de marchandises	482 300	
6037	Variation des stocks de marchandises		1 500
606	Gaz et électricité	3 430	
613	Locations	80 000	
615	Entretien et réparations	12 300	
616	Primes d'assurance	12 000	
622	Honoraires	8 200	
623	Publicité	15 400	
624	Transports	22 750	
626	Frais postaux et frais de télécommunications	1 550	
63	Impôts et taxes	8 700	
64	Rémunérations du personnel	88 300	
707	Ventes de marchandises		202 600
708	Produits des activités annexes		85 300
	Total	2 250 500	2 250 500

4. Compte de résultat de l'entreprise TRACY

Au 30 avril *N* — en F

Charges		Produits	
Achats de marchandises	482 300	Ventes de marchandises	202 600
Variation des stocks	– 1 500	Produits des activités annexes	85 300
Gaz et électricité	3 430		
Honoraires	8 200		
Locations	80 000		
Entretien et réparations	12 300		
Primes d'assurance	12 000		
Publicité	15 400		
Transports	22 750		
Frais postaux et de télécommunications	1 550		
Impôts et taxes	8 700		
Rémunérations du personnel	88 300	Perte	445 530
Total	733 430	Total	733 430

5. Bilan de l'entreprise TRACY

Au 30 avril *N* — en F

Actif		Passif	
Terrains	350 000	Capital	1 000 000
Constructions	720 000	Résultat	– 445 530
Matériel de transport	90 000		
Matériel de bureau et informatique	124 000	Situation nette	554 470
Mobilier	80 500	Emprunts auprès des établissements de crédit	877 000
Stocks de marchandises	45 000	Dettes fournisseurs	84 100
Créances clients	54 700		
Banques	45 070		
Caisse	6 300		
Total	1 515 570	Total	1 515 570

4 DU JOURNAL AU GRAND-LIVRE, À LA BALANCE ET AUX DOCUMENTS DE SYNTHÈSE

Au cours de l'exercice *N*, l'entreprise LEBAS a réalisé les opérations suivantes :

1 Achat d'une camionnette pour 37 602 €, payé par chèque bancaire.
2 Réalisation d'un emprunt pour le montant de 30 000 €.
3 Achat de marchandises pour 750 000 €, payable à 60 jours.
4 Achat de marchandises pour 83 656 €, payé par chèque bancaire.
5 Primes d'assurance pour 5 262 €, payé par chèque bancaire.
6 Transport du personnel pour 3 206 €, payé par chèque bancaire.
7 Rémunérations du personnel pour 20 696 €, payé par chèque bancaire.
8 Règlement des amendes de la route pour 9 254 €, payé par chèque bancaire.
9 Ventes de marchandises pour 1 018 290 €, réglé par chèque bancaire.
10 Reçu des produits de participation pour 38 650 €, par virement bancaire.
11 Produits exceptionnels pour 46 240 € du client LEBRUN.
12 Vente de marchandises pour 509 145 € payable à 90 jours.
13 Règlement d'un client pour 550 000 € par chèque bancaire.

L'entreprise LEBAS vous communique le bilan suivant au 31-12-*N* – 1 :

Actif	BILAN	Passif	
ACTIF IMMOBILISÉ		CAPITAUX PROPRES	
Immobilisations incorporelles		Capital	850 000
– Fonds commercial	126 000	Réserves	702 649
Immobilisations corporelles		Total I	1 552 649
– Terrains	867 500		
– Constructions	375 000		
– Autres immobilisations	149 154		
Immobilisations financières			
– Prêts	75 000		
Total I	1 592 654		
ACTIF CIRCULANT		DETTES	
Stocks	13 000	Emprunts et dettes (2) assimilés	62 000
Clients et comptes rattachés (1)	47 266	Fournisseurs et comptes	60 000
Disponibilités	21 729		
Total II	81 995	Total II	122 000
Total général (I + II)	1 674 649	Total général (I + II)	1 674 649

(1) Dont 10 000 € à plus d'un an. (2) Dont concours bancaires pour 12 000 €.

1. Enregistrez les opérations dans le journal de l'entreprise LEBAS. Au 31-12-**N*****, l'entreprise ne dispose plus d'aucun stock.***
2. Présentez le grand-livre et la balance.
3. Présentez le compte de résultat et le bilan au 31-12-**N*****.***

Corrigé

Entreprise LEBAS – 1. Écritures au journal

	(1)		
2182	Matériel de transport	37 602	
512	Banques		37 602
	(2)		
512	Banques	30 000	
164	Emprunts auprès des établissements de crédit		30 000
	(3)		
607	Achats de marchandises	750 000	
401	Fournisseurs		750 000
	(4)		
607	Achats de marchandises	83 656	
512	Banques		83 656
	(5)		
616	Primes d'assurance	5 262	
512	Banques		5 262
	(6)		
624	Transport du personnel	3 206	
512	Banques		3 206
	(7)		
641	Rémunérations du personnel	20 696	
512	Banques		20 696
	(8)		
671	Charges exceptionnelles	9 254	
512	Banques		9 254
	(9)		
512	Banques	1 018 290	
707	Ventes de marchandises		1 018 290
	(10)		
512	Banques	38 650	
76	Produits financiers		38 650
	(11)		
411	Clients	46 240	
77	Produits exceptionnels		46 240
	(12)		
411	Clients	509 145	
707	Ventes de marchandises		509 145
	(13)		
512	Banques	550 000	
411	Clients		550 000

	(14)		
603	Variation des stocks de marchandises	13 000	
37	Stocks de marchandises		13 000

2. Présentation des comptes au grand livre

COMPTES DE BILAN		COMPTES DE GESTION	
Actif	Passif	Charges	Produits

Actif

D — 207 Fonds de commerce — C

	D	C	
	126 000		
		SD 126 000	

D — 211 Terrains — C

	D	C	
	867 500		
		SD 867 500	

D — 213 Constructions — C

	D	C	
	375 000		
		SD 375 000	

D — 218 Autres immobilisations corporelles — C

	D	C	
	149 154		
(1)	37 602		
		SD 186 756	

D — 274 Prêts — C

	D	C	
	75 000		
		SD 75 000	

D — 37 Stocks de marchandises — C

	D	C	
	13 000	13 000	(14)
	S = 0		

D — 411 Clients — C

	D	C	
	47 266	550 000	(13)
(11)	46 240		
(12)	509 145		
		SD 52 651	

D — 512 Banques — C

	D	C	
	21 729	37 602	(1)
(2)	30 000	83 656	(4)
(9)	1 018 290	5 262	(5)
(10)	38 650	3 206	(6)
(13)	550 000	20 696	(7)
		9 254	(8)
	1 658 669	159 676	
		SD 1 498 993	

Passif

D — 101 Capital — C

	D	C	
		850 000	
	SC 850 000		

D — 106 Réserves — C

	D	C	
		702 649	
	SC 702 649		

D — 164 Emprunts étab. de crédit — C

	D	C	
		62 000	
		30 000	(2)
	SC 92 000		

D — 401 Fournisseurs — C

	D	C	
		60 000	
		750 000	(3)
	SC 810 000		

Charges

D — 607 Achats de marchandises — C

	D	C	
(3)	750 000		
(4)	83 656		
		SD 833 656	

D — 616 Primes d'assurance — C

	D	C	
(5)	5 262		
		SD 5 262	

D — 624 Transport du personnel — C

	D	C	
(6)	3 206		
		SD 3 206	

D — 641 Charges du personnel — C

	D	C	
(7)	20 696		
		SD 20 696	

D — 671 Rémunérations exceptionnelles — C

	D	C	
(8)	9 254		
		SD 9 254	

D — 603 Variations des stocks de marchandises — C

	D	C	
(14)	13 000		
		SD 13 000	

Produits

D — 707 Ventes de marchandises — C

	D	C	
		1 018 290	(9)
		509 145	(12)
	SC 1 527 435		

D — 76 Produits financiers — C

	D	C	
		38 650	(10)
	SC 38 650		

D — Produits exceptionnels — C

	D	C	
		46 240	(11)
	SC 46 240		

BALANCE

N°	Comptes	TOTAUX Débits	TOTAUX Crédit	SOLDES Débiteurs	SOLDES Créditeurs
101	Capital		850 000		850 000
106	Réserves		702 649		702 649
164	Emprunts auprès des établissements de crédit		92 000		92 000
207	Fonds commercial	126 000		126 000	
211	Terrains	867 500		867 500	
213	Constructions	375 000		375 000	
218	Autres immobilisations corporelles	186 756		186 756	
274	Prêts	75 000		75 000	
37	Stocks de marchandises	13 000	13 000		
401	Fournisseurs		810 000		810 000
411	Clients	602 651	550 000	52 651	
512	Banques	1 658 669	159 676	1 498 993	
603	Variation des stocks de marchandises	13 000		13 000	
607	Achats de marchandises	833 656		833 656	
616	Primes d'assurance	5 262		5 262	
624	Transport du personnel	3 206		3 206	
641	Rémunérations du personnel	20 696		20 696	
671	Charges exceptionnelles	9 254		9 254	
707	Ventes de marchandises		1 527 435		1 527 435
76	Produits financiers		38 650		38 650
77	Produits exceptionnels		46 240		46 240
	Totaux	4 789 650	4 789 650	4 066 974	4 066 974

3. Compte de résultat et bilan

COMPTE DE RÉSULTAT

Charges	Total	Produits	Total
• Charges d'exploitation		• Produits d'exploitation	
Achats de marchandises	833 656	Ventes de marchandises	1 527 435
Variation de stocks	+ 13 000	• Produits financiers	38 650
Charges externes	8 468	• Produits exceptionnels	46 240
Charges de personnel	20 696		
• Charges exceptionnelles	9 254		
Total I	885 074	Total I	1 612 325
Bénéfice	727 251		
Total II	1 612 325	Total II	1 612 325

BILAN

ACTIF	Totaux	PASSIF	Totaux
ACTIF IMMOBILISÉ		CAPITAUX PROPRES	
Immobilisations incorporelles		Capital	850 000
– Fonds commercial	126 000	Réserves	702 649
Immobilisations corporelles		Résultat de l'exercice	727 251
– Terrains	867 500		
– Constructions	375 000	Total I	2 279 900
– Autres immobilisations	186 756		
Immobilisations financières			
– Prêts	75 000		
Total I	1 630 256		
ACTIF CIRCULANT		DETTES	
Clients et comptes rattachés	52 651	Emprunts et dettes assimilés	92 000
Disponibilités	1 498 993	Fournisseurs et comptes rattachés	810 000
Total II	1 551 644	Total II	902 000
Total général (I + II)	3 181 900	Total général (I + II)	3 181 900

Entraînement

E 2 Les achats – Les ventes – Les réductions

1 Les factures d'achat-vente

L'entreprise REBOURD distribue des articles électroménagers. Elle vous communique les factures suivantes :

Facture n° 112 — 26-03-*N*

Société LOGOS
DOIT
REBOURD

20 machines à laver	12 000,00
Remise 1 %	120,00
Net commercial	11 880,00
TVA 19,6 %	2 328,48
Net à payer	14 208,48

Facture n° 14 — 15-03-*N*

REBOURD
DOIT
FEREY

20 lave-vaisselle	15 649,00
Remise 2 %	312,98
Net commercial	15 336,02
TVA 19,6 %	3 005,86
Net à payer	18 341,88

Facture n° 115 — 10-04-*N*

THOMAS
DOIT
REBOURD

20 percolateurs	21 499,00
Remise 1 %	214,99
	21 284,01
Rabais	425,68
Net commercial	20 858,32
TVA 19,6 %	4 088,23
Net dans 30 jours	24 946,55

Facture n° 118 — 04-04-*N*

Société DHKS
DOIT
REBOURD

Publicité	2 159,00
TVA 19,6 %	423,16
Réglé par chèque	2 582,16
N° 156281	

Facture n° 17 — 28-03-*N*

REBOURD
DOIT
Société NS

4 fours micro-ondes	1 500,00
4 fours électriques	1 250,00
	2 750,00
Remise 5 %	137,50
Net commercial	2 612,50
TVA 19,6 %	512,05
Réglé par chèque	3 124,55
N° 13421	

Facture n° 20 — 30-03-*N*

REBOURD
DOIT
Société DHKS

20 aspirateurs	2 299,00
10 réfrigérateurs	5 349,00
6 congélateurs	3 659,00
Net commercial	11 307,00
TVA 19,6 %	2 216,17
Réglé par CCP	13 523,17

Enregistrez chronologiquement les factures au journal de l'entreprise REBOURD.

Corrigé

Journal de l'entreprise REBOURD

	15-03-*N*		
411	Clients	18 341,88	
707	Ventes de marchandises		15 336,02
44571	État, TVA collectée		3 005,86
	Facture n° 14 à FEREY		
	26-03-*N*		
607	Achats de marchandises	11 880,00	
44566	État, TVA déductible sur ABS	2 328,48	
401	Fournisseurs		14 208,48
	Facture n° 112 de Société LOGOS		
	28-03-*N*		
512	Banques	3 124,55	
707	Ventes de marchandises		2 612,50
44571	État, TVA collectée		512,05
	Facture n° 17 à Société NS		
	30-03-*N*		
514	Chèques postaux	13 523,17	
707	Ventes de marchandises		11 307,00
44571	État, TVA collectée		2 216,17
	Facture n° 20 à Société DHKS		
	04-04-*N*		
623	Publicité, publications, relations publiques	2 159,00	
44566	État, TVA déductible sur ABS	423,16	
512	Banques		2 582,16
	Facture n° 118 de Société DHKS		
	10-04-*N*		
607	Achats de marchandises	20 858,32	
44566	État, TVA déductible sur ABS	4 088,23	
401	Fournisseurs		24 946,55
	Facture n° 115 de THOMAS		

2 Les factures d'achat-vente

L'entreprise PERES adresse à son client ASSIÉ les factures suivantes :

Facture n° 11
02-02-*N* +1

Brut (marchandises)	13 000,00
Remise 2 %	260,00
Net com.	12 740,00
TVA 5,5 %	700,70
Net à payer	13 440,70

Facture n° 30
26-02-*N* +1

Mat. prem.	62 650,00
Remise 1 %	626,50
	62 023,50
Rabais 2 %	1 240,47
Net com.	60 783,03
TVA 19,6 %	11 913,47
Net à payer	72 696,50

Facture n° 22
14-02-*N* +1

50 calculatrices	1 580,00
TVA 19,6 %	309,68
Réglé par chèque n° 515	1 889,68

Facture n° 51
05-03-*N* +1

Marchandises	2 690,00
Remise ? %	?
Net com.	2 555,50
TVA 19,6 %	500,88
Net à payer dans 30 jours	3 056,38

Facture n° 02
04-01-*N* +1

Emballages	850,00
TVA 19,6 %	166,60
Réglé en espèces	1 016,60

Facture n° 58
16-03-*N* +1

Brut	1 660,00
Remise ? %	?
Net com.	1 643,40
TVA ?	?
Net à payer	1 733,79

Facture n° 15	
06-02-*N* +1	
Ramettes de papier	760,00
TVA 19,6 %	148,96
Espèces	908,96

Facture n° 60	
20-03-*N* +1	
Livres	950,00
Rabais 2 %	19,00
Net commercial	?
TVA 5,5 %	51,20
Réglé par chèque	?

1. Déterminez les montants manquants dans les factures.
2. Enregistrez les factures au journal du fournisseur PERES et au journal de son client ASSIÉ.

Corrigé

1. Factures complétées

Facture n° 51	
Marchandises	2 690,00
Remise 5 %	134,50
Net commercial	2 555,50
TVA 19,6 %	500,88
Net à payer dans 30 jours	3 056,38

Facture n° 58	
Brut	1 660,00
Remise 1 %	16,60
Net com.	1 643,40
TVA 5,5 %	90,39
Net à payer	1 733,79

Facture n° 60	
Livres	950,00
Rabais 2 %	19,00
Net commercial	931,00
TVA 5,5 %	51,20
Réglé par chèque	982,20

2. Enregistrement au journal de l'entreprise PERES

	04-01-*N* +1		
530	Caisse	1 016,60	
70	Ventes d'emballages		850,00
44571	État, TVA collectée		166,60
	Facture n° 02		
	02-02-*N* + 1		
411	Clients	13 440,70	
707	Ventes de marchandises		12 740,00
44571	État, TVA collectée		700,70
	Facture n° 11		

	06-02-*N* + 1		
530	Caisse	908,96	
707	Ventes de marchandises		760,00
44571	État, TVA collectée		148,96
	Facture n° 15		
	14-02-*N* + 1		
512	Banques	1 889,68	
707	Ventes de marchandises		1 580,00
44571	État, TVA collectée		309,68
	Facture n° 22		
	26-02-*N* + 1		
411	Clients	72 696,50	
701	Ventes de matières premières		60 783,03
44571	État, TVA collectée		11 913,47
	Facture n° 30		
	05-03-*N* + 1		
411	Clients	3 056,38	
707	Ventes de marchandises		2 555,50
44571	État, TVA collectée		500,88
	Facture n° 51		
	16-03-*N* + 1		
411	Clients	1 733,79	
707	Ventes de marchandises		1 643,40
44571	État, TVA collectée		90,39
	Facture n° 58		
	20-03-*N* + 1		
512	Banques	982,20	
707	Ventes de marchandises		931,00
44571	État, TVA collectée		51,20
	Facture n° 60		

3. Enregistrement au journal du client ASSIÉ

	04-01-*N* + 1		
6026	Achats d'emballages	850,00	
44566	État, TVA déductible sur ABS	166,60	
530	Caisse		1 016,60
	Facture n° 02		
	02-02-*N* + 1		
607	Achats de marchandises	12 740,00	
44566	État, TVA déductible sur ABS	700,70	
401	Fournisseurs		13 440,70
	Facture n° 11		
	06-02-*N* + 1		
6064	Fournitures administratives	760,00	
44566	État, TVA déductible sur ABS	148,96	
530	Caisse		908,96
	Facture n° 15		
	14-02-*N* + 1		
60225	Fournitures de bureau	1 580,00	
44566	État, TVA déductible sur ABS	309,68	
512	Banques		1 889,68
	Facture n° 22		
	26-02-*N* + 1		
601	Achats de matières premières	60 783,03	
44566	État, TVA déductible sur ABS	11 913,47	
401	Fournisseurs		72 696,50
	Facture n° 30		
	05-03-*N* + 1		
607	Achats de marchandises	2 555,50	
44566	État, TVA déductible sur ABS	500,88	
401	Fournisseurs		3 056,38
	Facture n° 51		

	16-03-N + 1		
607	Achats de marchandises	1 643,40	
44566	État, TVA déductible sur ABS	90,39	
401	Fournisseurs		1 733,79
	Facture n° 58		
	20-03-N + 1		
60225	Fournitures de bureau	931,00	
44566	État, TVA déductible sur ABS	51,20	
512	Banques		982,20
	Facture n° 60		

3 Les réductions commerciales

La société LEBAS fabrique et commercialise des pièces d'acier.

Au mois de septembre, la société a réalisé les opérations suivantes :

05-09 Achat de matières premières pour 88 667,85 € TTC. Remise 2 %.
07-09 Vente de 15 tubes d'acier pour 66 752 € HT. Remise 1 % et rabais 2 %.
11-09 Vente de 100 plaques d'acier à 75 € HT l'une.
13-09 Achat de timbres postaux pour 650 €
18-09 Achat de marchandises pour 76 250 € HT.
21-09 Vente de 500 tubes d'acier pour 126 753 € HT. Remise 5 %.
23-09 Vente de marchandises pour 28 464,80 € TTC.
25-09 Achat d'emballages pour 75 633 € HT. Remise 1 % et rabais 2 %.
28-09 Achat de fournitures de bureau pour 5 980 € TTC.
30-09 Achat de matières premières pour 6 240 € HT. Remise 2 % et rabais 5 %.

Le taux de TVA retenu pour cet exercice est le taux normal.

Présentez les factures et enregistrez-les au journal de la société LEBAS.

Corrigé

1. Présentation des factures

05-09-N	
Mat. prem.	75 650,00
Remise 2 %	1 513,00
Net com.	74 137,00
TVA 19,6 %	14 530,85
Net à p.	88 667,85

07-09-N	
15 tubes	66 752,00
Remise 1 %	667,52
	66 084,48
Rabais 2 %	1 321,69
Net com.	64 762,79
TVA 19,6 %	12 693,51
Net à p.	77 456,30

11-09-N	
100 plaques	7 500,00
TVA 19,6 %	1 470,00
Net à p.	8 970,00

13-09-N	
Timbres	650,00
Net à payer	650,00

18-09-N	
Marchand.	76 250,00
TVA 19,6 %	14 945,00
Net à p.	91 195,00

21-09-N	
500 tub.	126 753,00
Remise 5 %	6 337,65
Net com.	120 415,35
TVA 19,6 %	23 601,41
Net à p.	144 016,76

23-09-N	
Marchand.	23 800,00
TVA 19,6 %	4 664,80
Net à p.	28 464,80

25-09-N	
Emballages	75 633,00
Remise 1 %	756,33
	74 876,67
Rabais 2 %	1 497,53
Net com.	73 379,14
TVA 19,6 %	14 382,31
Net à p.	87 761,45

28-09-N	
Fournitures de bureau	5 000,00
TVA 19,6 %	980,00
Net à payer	5 980,00

30-09-N	
Mat. prem.	6 240,00
Remise 2 %	124,80
	6 115,20
Rabais 5 %	305,76
Net com.	5 809,44
TVA 19,6 %	1 138,65
Net à p.	6 948,09

2. Enregistrement des factures au journal de l'entreprise LEBAS

	05-09-*N*		
601	Achats de matières premières	74 137,00	
44566	État, TVA déductible sur ABS	14 530,85	
401	Fournisseurs		88 667,85
	07-09-*N*		
411	Clients	77 456,30	
707	Ventes de marchandises		64 762,80
44571	État, TVA collectée		12 693,51
	11-09-*N*		
411	Clients	8 970,00	
701	Ventes de matières premières		7 500,00
44571	État, TVA collectée		1 470,00
	13-09-*N*		
624	Frais postaux et de télécommunications	650,00	
401	Fournisseurs		650,00
	18-09-*N*		
607	Achats de marchandises	76 250,00	
44566	État, TVA déductible sur ABS	14 945,00	
401	Fournisseurs		91 195,00
	21-09-*N*		
411	Clients	144 016,76	
706	Ventes de produits finis		120 415,35
44571	État, TVA collectée		23 601,41

	23-09-*N*		
411	Clients	28 464,80	
707	Ventes de marchandises		23 800,00
44571	État, TVA collectée		4 664,80
	25-09-*N*		
6026	Achats d'emballages	73 379,14	
44566	État, TVA déductible	14 382,31	
401	Fournisseurs		87 761,45
	28-09-*N*		
606	Achats de fournitures de bureau	5 000,00	
44566	État, TVA déductible	980,00	
401	Fournisseurs		5 980,00
	30-09-*N*		
601	Achats de matières premières	5 809,44	
44566	État, TVA déductible	1 138,65	
401	Fournisseurs		6 948,09

4 LES RÉDUCTIONS COMMERCIALES ET FINANCIÈRES

L'entreprise DUCHENIL adresse et reçoit les factures suivantes :

Facture n° 16	21-09-*N*
DUCHENIL	
	AVOIR
	Société APU
Ristourne de 2 % sur CA HT 80 000 €	1 600,00
TVA 19,6 %	313,60
Net à votre crédit	1 913,60

Facture n° 21	25-09-*N*
DUCHENIL	
	AVOIR
	Société SAY
Marchandises	18 700,00
Escompte 2 %	374,00
	18 326,00
TVA 19,6 %	3 591,90
Net à votre crédit	21 917,90

Facture n° 28	26-09-*N*
Société DK	
	AVOIR
	DUCHENIL
Retour de marchandises	1 500,00
Remise 1 %	15,00
	1 485,00
TVA 19,6 %	291,06
Net à votre crédit	1 776,06

POMMA SA	
Facture 270	28-09-*N*
Retour de marchandises	7 000,00
Rabais 1 %	70,00
	6 930,00
Escompte 2 %	138,60
Net commercial	6 791,40
TVA 19,6 %	1 331,11
Net à votre crédit	8 122,51

Facture n° 32	30-09-*N*
DUCHENIL	
	AVOIR
	Société NTV
Retour de marchandises	17 650,00
Escompte 1 %	176,50
	17 473,50
TVA 19,6 %	3 424,81
Net à votre crédit	20 898,31

Facture n° 7	10-09-*N*
DUCHENIL	
	AVOIR
	Société AQUA
Escompte de 1 % sur CA HT 160 000 €	1 600,00
TVA 19,6 %	313,60
Net à votre crédit	1 913,60

Corrigé

Enregistrement des factures au journal de l'entreprise DUCHENIL

	10-09-*N*		
665	Escomptes accordés	1 600,00	
44571	État, TVA collectée	313,60	
411	Clients		1 913,60
	Facture n° 7		
	21-09-*N*		
709	RRR accordés	1 600,00	
44571	État, TVA collectée	313,60	
411	Clients		1 913,60
	Facture n° 16		
	25-09-*N*		
707	Ventes de marchandises	18 700,00	
44571	État, TVA collectée	3 591,90	
411	Clients		21 917,90
665	Escomptes accordés		374,00
	Facture n° 21		
	26-09-*N*		
401	Fournisseurs	1 776,06	
607	Achats de marchandises		1 485,00
44566	État, TVA déductible sur ABS		291,06
	Facture n° 28		
	28-09-*N*		
401	Fournisseurs	8 122,51	
765	Escomptes obtenus	138,60	
607	Achats de marchandises		6 930,00
44566	État, TVA déductible sur ABS		1 331,11
	Facture n° 270		
	30-09-*N*		
707	Ventes de marchandises	17 650,00	
44571	État, TVA collectée	3 424,81	
411	Clients		20 898,31
665	Escomptes accordés		176,50
	Facture n° 32		

Entraînement

3 Les charges et les produits

1 La nature des produits et des charges

Analyse d'opérations dans la société ECHO distributeur de matériel hi-fi :

a. Achat de timbres-poste pour 150 € réglé en espèces.

b. Encaissement du loyer du local loué aux établissements DUCHEMIN. Chèque n° 417876 de 1 650 €.

c. Vente de 10 chaînes hi-fi à 399 € (HT) l'unité. Règlement sous 15 jours.

d. Règlement par chèque bancaire n° 417878 d'une insertion publicitaire dans le journal « Le 76 ». Montant : 320 € (HT).

e. Achat de fuel domestique pour le chauffage des locaux auprès de la SARL VATIL. Livraison de 5 000 l à 1,02 €/l (HT). Réglé par chèque bancaire n° 418879.

f. Réception d'une facture d'avoir de la SARL MATUB pour escompte de règlement de 5 % sur 1 500 €.

g. Achat de timbres fiscaux. Chèque n° 418880 de 52 €.

h. Achat d'un camion au prix de 70 500 € à la société SAVIEM. Règlement par chèque bancaire (n° 418881).

i. Achat de 15 lecteurs Compact Disc PIONNER à 150 € (HT) l'un. Règlement par lettre de change.

Classez les opérations en opérations de charges ou de produits en précisant leur nature : exploitation – financière – exceptionnelle.
La TVA est au taux normal.

Corrigé

Classement des opérations

Libellé opération	Comptes mouvementés		NATURE		
	Charges	Produits	Expl.	Fin.	Except.
Achat timbres-poste	✗		✗		
Encaissement loyer		✗	✗		
Vente chaînes hi-fi		✗	✗		
Annonce publicitaire	✗		✗		
Achat fuel domestique	✗		✗		
Facture avoir sur escompte obtenu		✗		✗	
Achat timbres fiscaux	✗		✗		
Achat camion	Compte d'immobilisations				
Achat compact disc	✗		✗		

2 La comptabilisation des produits et des charges

Reprenez les données de l'application n° 1.
Enregistrez les opérations au journal de la société ECHO en date du 05 mars N.

Corrigé

Enregistrement au journal de l'entreprise ECHO

		05-03-*N*		
a) 626		Frais postaux et frais de télécommunications	150,00	
53		Caisse		150,00
		d°		
b) 512		Banques	1 650,00	
708		Produits des activités annexes		1 650,00
		CB n° 471876		
		d°		
c) 411		Clients	4 772,04	
707		Ventes de marchandises		3 990,00
44571		État, TVA collectée		782,04
		d°		
d) 623		Publicité, publications, relations publiques	320,00	
44566		État, TVA déductible	62,72	
512		Banques		382,72
		CB n° 417878		
		d°		
e) 606		Achats non stockés de matières et fournitures	6 099,60	
512		Banques		6 099,60
		CB n° 418879		
		d°		
f) 401		Fournisseurs	89,70	
765		Escomptes obtenus		75,00
44566		État, TVA déductible		14,70
		d°		
g) 6354		Droits d'enregistrement et de timbres	52,00	
512		Banques		52,00
		CB n° 418880		

		d°		
h)	2182	Matériel de transport	70 500,00	
	44562	État, TVA déductible sur immobilisations	13 818,00	
	512	Banques		84 318,00
		CB n° 418881		
		d°		
i)	607	Achats de marchandises	2 250,00	
	44566	État, TVA déductible	441,00	
	403	Fournisseurs – Effets à payer		2 691,00

3 LA COMPTABILISATION DES PRODUITS ET DES CHARGES

La société APRIL, spécialisée dans la revente de produits de beauté, a effectué les opérations suivantes au cours de la dernière semaine de novembre *N*.

23-11 Achat à crédit au fournisseur LA FLEUR de divers produits. Facture D-532. Brut : 10 500 €. Remise 2 %.

23-11 Paiement au Trésor public de l'amende pour stationnement interdit. Montant 40 € en espèces.

23-11 Encaissement du loyer d'un entrepôt à un confrère : 3 400 € par chèque postal.

24-11 Achat de fournitures de bureau contre chèque bancaire n° 48978. Chèque de 107,64 €.

24-11 Reçu facture d'avoir du fournisseur LEPIC pour un rabais de 380 € HT. Facture AV 738.

25-11 Règlement par chèque bancaire de la prime d'assurance annuelle des véhicules : 5 500 €

27-11 Avis de débit du Crédit Lyonnais pour imputation du coût de la location du coffre-fort. 50 € (HT).

27-11 Encaissement des intérêts sur prêt 310 € par virement bancaire.

29-11 Règlement par chèque du salaire de la vendeuse. Montant versé : 2 100 €.

Enregistrez au journal de la société APRIL les opérations précédentes. TVA au taux normal.

Corrigé

Enregistrement d'opérations

	23-11		
607	Achat de marchandises	10 290,00	
44566	État, TVA déductible sur ABS	2 016,84	
4011	Fournisseurs, achat BS		12 306,84
	Facture n° D-532		

	d°		
671	Charges exceptionnelles	40,00	
530	Caisse		40,00
	PC n° ..., règlement amende		
	d°		
514	CCP	3 400,00	
7083	Locations diverses		3 400,00
	CCP n° ..., loyer reçu		
	24-11		
6064	Achats non stockés, fournitures administratives	90,00	
44566	État, TVA déductible sur ABS	17,64	
512	Banques		107,64
	CB n° 48978		
	d°		
401	Fournisseurs, achats de BS	454,48	
44566	État, TVA déductible sur ABS		74,48
6097	RRR obtenus sur achats		380,00
	Facture n° AV 738		
	25-11		
616	Primes d'assurance	5 500,00	
512	Banques		5 500,00
	Règlement prime d'assurance, CB n° ...		
	27-11		
627	Services bancaires et assimilés	50,00	
44566	État, TVA déductible sur ABS	9,80	
512	Banques		59,80
	Avis débit n° ..., location coffre		
	27-11		
512	Banques	310,00	
761	Produits des autres immobilisations financières		310,00
	Pièce n° ..., intérêt prêt n° ...		
	29-11		
641	Rémunérations du personnel*	2 100,00	
512	Banques		2 100,00
	CB n° ..., salaire novembre		
	** écriture simplifiée*		

Entraînement

4 Les éléments accessoires d'achat et de vente

1 Les frais accessoires d'achat (FAA)

L'entreprise CHOUQUET a reçu sur le mois d'avril les factures suivantes :

05 avril	Facture V10. Marchandises pour un brut HT de 5 000 € Remise 2 %. Frais de port : 600 € HT.
07 avril	Facture V14. Emballages non identifiables. Brut : 1 200 € HT. Escompte 2 %. Frais de port : 224 € HT.
10 avril	Facture V15 d'un courtier pour l'achat de matières premières. Brut : 30 000 € HT. Commission HT 6 %. Assurance non soumise à la TVA : 700 €. Port : 1 800 € HT.
16 avril	Facture A7. Retour de marchandises sur facture V10 pour un brut de 1 000 € HT.

Les opérations sont soumises à la TVA au taux normal.

1. Enregistrez les opérations précédentes au journal de CHOUQUET, en comptabilisant les frais accessoires d'achat dans les comptes de charge par nature concernés.
2. Enregistrez les opérations précédentes au journal de CHOUQUET, en comptabilisant les frais accessoires d'achat dans les comptes d'achats concernés. Calculez les coûts d'achat des marchandises et matières premières achetées sur avril.
3. Enregistrez les opérations précédentes au journal de CHOUQUET, en comptabilisant les frais accessoires d'achat dans les comptes 608.

Corrigé

1. Enregistrement au journal (comptes de charges par nature)

	05-04		
607	Achats de marchandises	4 900,00	
624	Transports de biens	600,00	
44566	État, TVA déductible	1 078,00	
401	Fournisseurs		6 578,00
	Facture V10		
	07-04		
6026	Achats, emballages récupérables	1 200,00	
624	Transports de biens	224,00	
44566	État, TVA déductible	274,40	
765	Escomptes obtenus		24,00
401	Fournisseurs		1 674,40
	Facture V14		

	10-04		
601	Achats stockés – Matières premières	30 000,00	
622	Rémunération d'intermédiaires et honoraires	1 800,00	
616	Primes d'assurance	700,00	
624	Transports de biens	1 800,00	
44566	État, TVA déductible	6 585,60	
401	Fournisseurs		40 885,60
	Facture V15		
	16-04		
401	Fournisseurs	1 172,08	
607	Achats de marchandises		980,00
44566	État, TVA déductible		192,08
	Facture A7		

2. Enregistrement au journal (comptes d'achat concernés) et calcul des coûts

	05-04		
607	Achats de marchandises	5 500,00	
44566	État, TVA déductible	1 078,00	
401	Fournisseurs		6 578,00
	Facture V10		
	07-04		
6026	Achats, emballages récupérables	1 424,00	
44566	État, TVA déductible	274,40	
765	Escomptes obtenus		24,00
401	Fournisseurs		1 674,40
	Facture V14		
	10-04		
601	Achats stockés – Matières premières	34 300,00	
44566	État, TVA déductible	6 585,60	
401	Fournisseurs		40 885,60
	16-04		
401	Fournisseurs	1 172,08	
607	Achats de marchandises		980,00
44566	État, TVA déductible		192,08

Coût d'achat des matières premières : 34 300
Coût d'achat des emballages : 1 424
Coût d'achat des marchandises (5 500 – 980) : 4 520

3. Enregistrement au journal (comptes 608)

La comptabilisation des frais accessoires d'achat dans les comptes 608 est identique à celle des comptes de charges par nature (*cf.* 1) aux comptes près : on débite 608724 Frais accessoires de port pour 600,00 € au lieu du compte 624 Transports de biens, de même pour les comptes 622 Rémunérations d'intermdiaires et honoraires, et 616 Primes d'assurance, on débite respectivement les comptes 608722 Frais accessoires de courtage, et 608716 Frais accessoires d'assurance.

2 Les frais accessoires de vente (FAV)

Un répartiteur, la CERP, qui distribue des médicaments, expédie à son client Marie une commande de 85 000 € HT (TVA à 2,1 %).

La CERP a fait appel à un transporteur routier et a payé l'expédition 2 800 € HT (TVA à 19,6 %) par chèque bancaire.

Enregistrez chez le fournisseur et chez son client ces opérations, dans les cas suivants :

1. les médicaments sont vendus « franco de port » ;

2. les médicaments sont vendus « départ entrepôts », le port est facturé 3 000 € HT ;

3. les médicaments sont vendus « départ entrepôts », les frais de port sont récupérés auprès du client MARIE ;

4. les médicaments sont vendus « conditions arrivée », la CERP a facturé le port 3 000 € HT.

Corrigé

Enregistrement chez le fournisseur CERP

1.

624	Transports de biens	2 800,00	
44566	État, TVA déductible (à 19,6 %)	548,80	
512	Banques		3 348,80
	Transport réglé au transporteur		
411	Clients – MARIE	86 785,00	
707	Ventes de marchandises		85 000,00
44571	État, TVA collectée (à 2,1 %)		1 785,00
	Ventes de marchandises à MARIE		

2.

624	Transports de biens	2 800,00	
44566	État, TVA déductible (à 19,6 %)	548,80	
512	Banques		3 348,80
411	Clients – MARIE	90 373,00	
707	Ventes de marchandises		85 000,00
708	Produits des activités annexes		3 000,00
44571	État, TVA collectée (1 785 + 588)		2 373,00
	Facturation forfaitaire du port		

3.

624	Transports de biens	2 800,00	
44566	État, TVA déductible (à 19,6 %)	548,80	
512	Banques		3 348,80
411	Clients – MARIE	90 133,80	
707	Ventes de marchandises		85 000,00
44571	État, TVA collectée		1 785,00
624	Transports de biens		2 800,00
44566	État, TVA déductible		548,80
	Récupération des frais de port - Débours -		

4.

624	Transports de biens	2 800,00	
44566	État, TVA déductible (à 19,6 %)	548,80	
512	Banques		3 348,80
411	Clients – MARIE	89 848,00	
707	Ventes de marchandises		85 000,00
708	Produits des activités annexes		3 000,00
44571	État, TVA collectée		1 848,00
	Facturation du port au taux de TVA des marchandises		

Enregistrement chez le client MARIE

Pour les cas 2, 3 et 4, l'enregistrement est identique aux montants près.
Le client dispose de trois solutions pour comptabiliser ses FAA

1.

607	Achats de marchandises	85 000,00	
44566	État, TVA déductible	1 785,00	
401	Fournisseurs - CERP		86 785,00
	Le client ne supporte pas les frais de port		

2. 3. 4

Reprenons les trois solutions possibles dans l'exemple du cas 2.

1re solution

607	Achats de marchandises	85 000,00	
624	Transports de biens	3 000,00	
44566	État, TVA déductible	2 373,00	
401	Fournisseurs		90 373,00

	2e solution		
607	Achats de marchandises	88 000,00	
44566	État, TVA déductible	2 373,00	
401	Fournisseurs		90 373,00
	3e solution		
607	Achats de marchandises	85 000,00	
608724	Frais accessoires de port	3 000,00	
44566	État, TVA déductible	2 373,00	
401	Fournisseurs		90 373,00

3 LES EMBALLAGES CONSIGNÉS

Au cours du mois d'octobre l'entreprise VASSAL a adressé les factures d'avoir suivantes à son client GALLO :

Facture A13 : reprise de 250 emballages au prix unitaire de 60 €. Prix de consignation : 80 €.

Facture A15 : retour de marchandises refusées par GALLO. Montant brut des marchandises retournées : 1 200 € HT. Emballages consignés repris pour 200 €.

Facture A18 : sur un ensemble de 150 emballages non identifiables consignés à 150 € l'unité : 75 sont restitués par GALLO au prix de consignation ; 50 sont repris par VASSAL à un prix unitaire de 30,40 € ; 25 sont conservés par GALLO.

Facture A23 : escompte de 2 % accordé sur le montant net des marchandises conservées après déduction de la facture A15. Montant net de la facture initiale avant avoir A15 : 4 635,20 €.

Enregistrez, au journal de VASSAL et à celui de GALLO, les opérations précédentes (TVA au taux normal).

Corrigé

Journal VASSAL

	Octobre		
4196	Clients – Dettes pour emballages consignés	20 000,00	
7086	Bonis sur reprises d'emballages		4 180,60
44571	État, TVA collectée		819,40
411	Clients		15 000,00
	Facture A13		

	d°		
707	Ventes de marchandises	1 200,00	
44571	État, TVA collectée	235,20	
4196	Clients - Dettes pour emballages consignés	200,00	
411	Clients		1 635,20
	Facture A15		
	d°		
4196	Clients - Dettes pour emballages consignés	22 500,00	
411	Clients (75 × 150 € + 50 × 30,40 €)		12 770,00
7086	Bonis sur reprises d'emballages		5 000,00
7088	Cessions d'approvisionnements		3 135,45
44571	État, TVA collectée (980 + 614,55)		1 594,55
	d°		
665	Escomptes accordés	60,00	
411	Clients		60,00
	2 % (4 635,20 − 1 635,20)		
	Facture A23		

Journal GALLO

Pour l'entreprise GALLO, la comptabilisation des écritures précédentes est réciproque.

4 LES FRAIS ACCESSOIRES D'ACHAT - LES FRAIS ACCESSOIRES DE VENTE

L'entreprise CAILLOIS, distributeur de mobilier de bureau, a réalisé les opérations suivantes au cours du mois de mars :

12 mars	Le transporteur LECAR adresse à CAILLOIS une facture de 1 200 € HT pour la livraison de 10 armoires de bureau au client ADC.
15 mars	Facturation au client ADC de 10 armoires de bureau pour un brut de 6 300 € HT. Remise 3 %. Escompte 2 %. Récupération des frais de port au franc près.
18 mars	Vente de 10 fauteuils 3 200 € HT, au client ADC. Remise de 2 %. L'entreprise CAILLOIS effectue la livraison par ses propres moyens. Facturation forfaitaire du port de 400 € HT.
20 mars	Reçu la facture de MEUBLEBOIS d'un montant brut de 4 400 € HT. Escompte de 2 %. Frais de port 300 € HT. Vente arrivée.

Enregistrez les opérations précédentes (TVA à taux normal) :

– dans le journal de CAILLOIS ;

– dans le journal d'ADC en présentant les solutions qui se proposent à l'acheteur.

Entraînement

Corrigé

Journal de CAILLOIS

	12-03		
624	Transports de biens	1 200,00	
44566	État, TVA déductible	235,20	
401	Fournisseurs		1 435,20
	Facture LECAR		
	15-03		
411	Clients	8 597,78	
665	Escomptes accordés	122,22	
707	Ventes de marchandises		6 111,00
44571	État, TVA collectée		1 173,80
624	Transports de biens		1 200,00
44566	État, TVA déductible		239,20
	Vente armoires		
	18-03		
411	Clients	4 229,06	
707	Ventes de marchandises		3 136,00
7085	Ports facturés		400,00
44571	État, TVA collectée		693,06
	Vente fauteuils		
	20-03		
607	Achats de marchandises	4 400,00	
624	Transports de biens	300,00	
44566	État, TVA déductible	902,78	
765	Escomptes obtenus		94,00
401	Fournisseurs		5 508,78

Journal d'ADC

Si ADC est un revendeur, trois solutions sont possibles pour enregistrer les achats :

	12-03		
607	Achats de marchandises	6 111,00	
624	Transports de biens	1 200,00	
44566	État, TVA déductible	1 413,00	
765	Escomptes obtenus		122,22
401	Fournisseurs		8 597,78
	1re solution		

	d°		
607	Achats de marchandises	6 111,00	
608724	Frais accessoires - Ports	1 200,00	
44566	État, TVA déductible	1 413,00	
765	Escomptes obtenus		122,22
401	Fournisseurs		8 597,78
	2e solution		
	d°		
607	Achats de marchandises	7 311,00	
44566	État, TVA déductible	1 413,00	
765	Escomptes obtenus		122,22
401	Fournisseurs		8 597,78
	3e solution		

Si ADC est une entreprise effectuant l'acquisition de mobilier de bureau :

	12-03		
2184	Mobilier	7 311,00	
44562	État, TVA sur immobilisations	1 413,00	
765	Escomptes obtenus		122,22
404	Fournisseurs d'immobilisations		8 597,78
	Achat mobilier		

5 LES AVOIRS : ESCOMPTE, EMBALLAGES CONSIGNÉS ET RESTITUTION D'EMBALLAGES

Au cours du mois de mars, l'entreprise SABALIN adresse les factures suivantes à son client LEROY :

- Vente de marchandises pour 135 126 € HT. Rabais 1 %. Escompte 3 %.
- Consignation d'emballages pour 5 650 €
- Retour de marchandises pour 116 035,92 € TTC. Taux d'escompte de 2 %. Remise à déterminer. Montant brut 100 000 €
- Escompte de 2 % sur le montant de 15 251 € HT.
- Restitution d'emballages pour 1 750 €
- Ristourne de 3 % accordée sur le chiffre d'affaires de 70 000 € HT.
- Vente d'emballages pour 58 017,96 € TTC. Remise 1 %. Escompte 2 %.

Taux de TVA normal.

1. Présentez les factures.
2. Enregistrez les factures dans le journal de l'entreprise SABALIN et dans le journal de son client LEROY.

Entraînement

Corrigé

1. Présentation des factures : entreprise SABALIN

Ventes de marchandises	135 126,00
Rabais 1 %	− 1 351,26
Net commercial	133 774,74
Escompte 3 %	− 4 013,24
Net financier	129 761,50
TVA 19,6 %	+ 25 433,25
TTC	155 194,75

Escompte 2 % sur 15 251 € HT	305,02
TVA 19,6 %	+ 59,78
TTC	364,80

Ventes d'emballages	50 000,00
Remise 1 %	− 500,00
	49 500,00
Escompte 2 %	− 990,00
Net financier	48 510,00
TVA 19,6 %	+ 9 507,96
TTC	58 017,96

TTC = 116 035,92

$$\text{Net HT} = \frac{116\,035,92}{1,196} = 97\,020$$

$$\text{Net commercial} = \frac{97\,020}{0,98} = 99\,000$$

Remise : 100 000 − 99 000 = 1 000 soit 1 %

TVA = 19 986,12

Escompte = 99 000 − 97 020 = 1 980

Brut	100 000,00
Remise 1 %	− 1 000,00
Net commercial	99 000,00
Escompte 2 %	− 1 980,00
Net financier	97 020,00
TVA 19,6 %	+ 19 015,92
TTC	116 035,92

Ristourne 3 % sur CA 70 000 € HT	2 100,00
TVA 19,6 %	+ 411,60
TTC	2 511,60

(49 500 / 0,99) = 50 000
(48 510 / 0,98) = 49 500
(58 017,96 / 1,196) = 48 510

2. Enregistrement dans l'entreprise SABALIN

	Mars *N*		
411	Clients	155 194,75	
665	Escomptes accordés	4 013,24	
707	Ventes de marchandises		133 774,74
44571	État, TVA collectée		25 433,25
	d°		
411	Clients	5 650,00	
4196	Clients, dettes pour emballages et matériels consignés		5 650,00
	d°		
707	Ventes de marchandises	99 000,00	
44571	État, TVA collectée	19 015,92	
665	Escomptes accordés		1 980,00
411	Clients		116 035,92
	d°		
665	Escomptes accordés	305,02	
44571	État, TVA collectée	59,78	
411	Clients		364,80

	d°		
4196	Clients, dettes pour emballages et matériels consignés	1 750,00	
411	Clients		1 750,00
	d°		
709	RRR accordés	2 100,00	
44571	État, TVA collectée	411,60	
411	Clients		2 511,60
	d°		
411	Clients	58 017,96	
665	Escomptes accordés	990,00	
70886	Ventes d'emballages		49 500,00
44571	État, TVA collectée		9 507,96

3. Enregistrement dans le journal du client LEROY

	Mars *N*		
6026	Achats d'emballages	133 774,74	
44566	État, TVA déductible sur ABS	25 433,25	
765	Escomptes obtenus		4 013,24
401	Fournisseurs		155 194,75
	d°		
4096	Fournisseurs, créances pour emballages et matériel à rendre	5 650,00	
401	Fournisseurs		5 650,00
	d°		
401	Fournisseurs	116 035,92	
765	Escomptes obtenus	1 980,00	
607	Achats de marchandises		99 000,00
44566	État, TVA déductible sur ABS		19 015,92
	d°		
401	Fournisseurs	364,80	
765	Escomptes obtenus		305,02
44566	État, TVA déductible sur ABS		59,78
	d°		
401	Fournisseurs	1 750,00	
4096	Fournisseurs, créances pour emballages et matériel à rendre		1 750,00
	d°		
401	Fournisseurs	2 511,60	
609	RRR obtenus		2 100,00
44566	État, TVA déductible sur ABS		411,60
	d°		
6026	Achats d'emballages	49 500,00	
44566	État, TVA déductible sur ABS	9 507,96	
765	Escomptes obtenus		990,00
401	Fournisseurs		58 017,96

Entraînement

5 Les charges de personnel

1 CALCUL ET COMPTABILISATION DES SALAIRES

M. HUET est cadre de production à la société TRT avec un statut de cadre. Sa rémunération mensuelle est fixée actuellement à 3 000 €

Au cours du mois de février *N*, M. HUET a été arrêté 10 jours pour cause de maladie.

1. À partir de la législation donnée en annexe, calculez le salaire qui sera versé par l'entreprise à M. HUET.
2. Enregistrez au journal le bulletin de paie de M. HUET.

Annexe

- En cas de maladie, la rémunération des 8 premiers jours est à la charge de la Sécurité sociale et non à celle de l'entreprise. Les jours suivants sont à la charge de l'entreprise à concurrence de 90 % du salaire de base.
- Le nombre de jours ouvrables de travail pour le mois de février est de 20 jours.
- Après application des taux de cotisations sociales salariales au salaire brut calculé, les prélèvements sociaux se présentent ainsi : Sécurité sociale : 360 € ; retraite : 240 € ; ASSEDIC : 120 €.

Corrigé

1. Salaire versé à M. HUET par l'entreprise

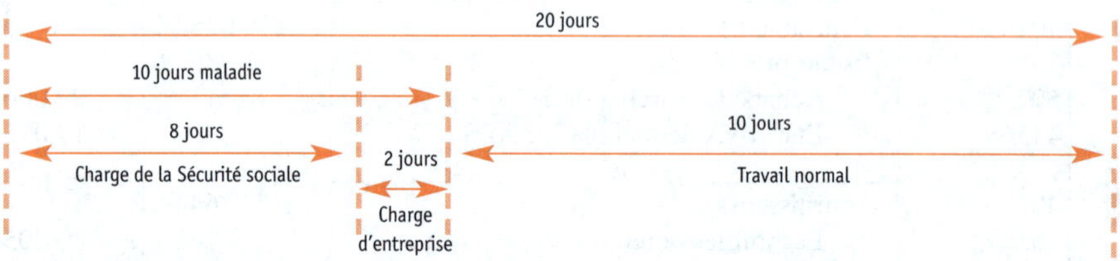

L'entreprise verse :

- 10 jours de travail normal, soit $\dfrac{3\,000 \times 10 \text{ jours}}{20 \text{ jours}} = 1\,500$ €
- 2 jours à 90 %, soit $\dfrac{(3\,000 \times 2 \text{ jours})}{20 \text{ jours}} \times 90\,\% = 270$ €

Le salaire brut dû par l'entreprise est de 1 500 + 270 = 1 770 €

La Sécurité sociale prend en charge la somme de $\dfrac{3\,000 \times 8}{20} = 1\,200$ €

qui est incorporée au bulletin de salaire, soit un brut global de 1 700 + 1 200 = 2 970.

2. Enregistrement du salaire de M. HUET dans l'entreprise TRT

	31-01-*N*		
6411	Salaires appointements	2 970,00	
421	Personnel, rémunérations dues		2 970,00
	Paie de M. HUET		
	d°		
421	Personnel, rémunérations dues	720	
431	Sécurité sociale		360
4371	Caisses de retraite		240
4372	ASSEDIC		120
	Prélèvement cotisations salariales		
	d°		
421	Personnel, rémunérations dues	2 250	
512	Banques		2 250
	Paiement salaire		

M. HUET reçoit la somme de 2 250 €, sachant qu'une partie est à la charge de l'entreprise, l'autre à la charge de la Sécurité sociale.

La société TRT adresse à la Sécurité sociale la somme qui doit lui être versée au titre de sa participation de prise en charge.

2 L'ENREGISTREMENT DES SALAIRES ET DES CHARGES SOCIALES

L'examen du livre de paie de l'entreprise HIS du mois d'octobre *N* donne les informations suivantes :

• Salaires et appointements bruts	82 600,00 €
• Salaires et appointements plafonnés	78 540,00 €
• Cotisations salariales SS	13 253,40 €
• Charges patronales SS.	36 580,60 €
• Cotisations assurance chômage	2 720,35 €
• Cotisations caisses de retraites	3 950,40 €
• Acomptes versés	25 200,00 €
• Charges patronales (ASSEDIC et retraite)	4 560,00 €

***1. Calculez le montant des salaires nets à verser et le montant des salaires versés au 31 octobre* N.**
2. Enregistrez au journal le versement des acomptes au 12 octobre.
3. Enregistrez au journal la paie globale (bulletins de paie et charges patronales).
4. Comptabilisez le versement des salaires au 31-10-*N *et le règlement des organismes sociaux au 10-11-*N *par chèque postal.

Entraînement

Corrigé

1. Salaires nets à verser et versés au 31-10-*N*

Salaires et appointements bruts	82 600,00
Cotisations salariales Sécurité sociale	– 13 253,40
Cotisations assurance chômage	– 2 720,35
Cotisations caisses retraite	– 3 950,40
Salaires nets à verser	62 675,85
Acomptes versés	– 25 200,00
Salaires nets versés au 31-10-*N*	37 475,85

2. Enregistrement des acomptes sur salaires

		12-10-*N*		
425		Personnel, avances et acomptes	25 200,00	
	512	Banques		25 200,00
		Versement acomptes personnels		

3. Enregistrement de la paie d'octobre

		31-10-*N*		
641		Salaires, appointements	82 600,00	
	421	Personnel, rémunérations dues		82 600,00
		Salaires bruts dus au personnel		
		d°		
421		Personnel, rémunérations dues	19 924,15	
	431	Sécurité sociale		13 253,40
	437	Autres organismes sociaux		6 670,75
		Prélèvement cotisations sociales		
		d°		
645		Charges Sécurité sociale et de prévoyance	41 140,60	
	431	Sécurité sociale		36 580,60
	437	Autres organismes sociaux		4 560,00
		Charges sociales aux salaires		
		d°		

4. Versement des salaires et règlement des organismes sociaux

	31-10-*N*		
421	Personnel, rémunérations dues	62 675,85	
512	Banques		37 475,85
425	Personnel, avances et acomptes		25 200,00
	Versement des salaires		
	10-11-*N*		
431	Sécurité sociale	49 834,00	
512	Banques		49 834,00
	Règlement Sécurité sociale		
	(36 580,60 + 13 253,40)		
	d°		
437	Autres organismes sociaux	11 230,75	
512	Banques		11 230,75
	Règlement ASSEDIC et caisses retraite		
	(4 560 + 6 670,75)		

Entraînement

6 Les effets de commerce

1 La circulation des effets

L'entreprise LAHUT, durant le 1er trimestre *N*, a réalisé les opérations suivantes dans le cadre de la gestion de son portefeuille d'effets :

5 janvier	Acceptation de la lettre de change n° 215 tirée par son fournisseur LEGRAND. Montant : 8 400 €. Échéance au 28 février.
8 janvier	Tiré sur les clients suivants : – la lettre de change n° 23 sur LACLOS, au 28 février : 5 400 € ; – la lettre de change n° 24 sur NINON, au 31 mars : 8 200 €.
18 janvier	LAHUT remet à l'encaissement l'effet n° 17 de 4 200 €, à échéance du 31 janvier.
25 janvier	LAHUT reçoit de son client LECHAT, une lettre de change tirée sur LUC, endossée à son profit : 6 700 €. Échéance fin avril.
4 février	LAHUT reçoit de sa banque l'avis d'encaissement relatif à l'effet n° 17. Commission : 25 € HT.
5 février	LAHUT remet à l'escompte les effets n° 23 et 24.
9 février	Reçu le bordereau d'escompte relatif à la remise du 5 février : taux d'escompte 8 %, commission 25 € HT par effet.
20 février	Reçu du client ROSSI un billet à ordre n° 142 souscrit au profit de LAHUT, d'un montant de 3 200 €, à échéance du 30 avril.
28 février	Règlement de l'effet n° 215, par prélèvement bancaire.
4 mars	L'effet n° 23 est retourné à LAHUT, impayé. Avis de débit pour frais d'impayé de 60 € HT.
31 mars	L'effet n° 24 est honoré normalement.

Enregistrez au journal de LAHUT les opérations précédentes. TVA au taux normal.

Corrigé

	05-01		
401	Fournisseur Legrand	8 400,00	
403	Fournisseurs – Effets à payer		8 400,00
	LC n° 215		
	08-01		
413	Clients – Effets à recevoir	13 600,00	
411	Clients		13 600,00
	LC n° 23 - n° 24		
	18-01		
5113	Effets à l'encaissement	4 200,00	
413	Clients – Effets à recevoir		4 200,00
	LC n° 17		

	25-01		
413	Clients – Effets à recevoir	6 700,00	
411	Client LECHAT		6 700,00
	04-02		
512	Banques	4 170,10	
627	Services bancaires	25,00	
44566	État, TVA déductible	4,90	
5113	Effets à l'encaissement		4 200,00
	LC n° 17		
	05-02		
5114	Effets à l'escompte	13 600,00	
413	Clients – Effets à recevoir		13 600,00
	LC n° 23 - n° 24		
	09-02		
512	Banques	13 444,10	
661	Charges d'intérêt	126,00	
627	Services bancaires	25,00	
44566	État, TVA déductible	4,90	
5114	Effets à l'escompte		13 600,00
	$5\,400 \times 0{,}08 \times \frac{23}{360} = 27{,}60$ et $8\,200 \times 0{,}08 \times \frac{54}{360} = 98{,}40$		
	LC n° 23 - n° 24		
	20-02		
413	Clients – Effets à recevoir	3 200,00	
411	Client ROSSI		3 200,00
	BO n° 142		
	28-02		
403	Fournisseurs - Effets à payer	8 400,00	
512	Banques		8 400,00
	LC n° 215		
	04-03		
411	Clients	5 400,00	
627	Services bancaires	60,00	
44566	État, TVA déductible	11,76	
512	Banques		5 471,76
	31-03		
	L'effet étant déjà escompté, pas d'enregistrement comptable.		

Entraînement

2 L'ESCOMPTE COMMERCIAL

L'entreprise LETRÈFLE et son fournisseur LECŒUR ont réalisé les opérations suivantes :

5 octobre	Vente de marchandises au client LETRÈFLE. Montant brut : 15 000 € HT. Remises de 2 et 4 %. Crédit accordé : fin novembre.
10 octobre	Réception de LETRÈFLE, en retour de marchandises sur l'opération du 5 octobre, un lot non conforme, d'une valeur brute de 3 000 € HT.
14 octobre	LETRÈFLE accepte la lettre de change n° 34, au 30 novembre, tirée par LECŒUR, pour le montant net de la vente effectuée.
18 octobre	LECŒUR remet à l'escompte l'effet n° 34.
21 octobre	La banque adresse à LECŒUR le bordereau d'escompte relatif à la négociation du 18 octobre. Taux d'escompte : 7 %. Commission 24 € HT.
30 novembre	LETRÈFLE règle, par virement bancaire, l'effet n° 34.

TVA au taux normal

1. Enregistrez ces opérations dans le journal de LECŒUR.
2. Enregistrez ces opérations dans le journal de LETRÈFLE.

Corrigé

1. Journal de LECŒUR

	05-10		
411	Client LETRÈFLE	16 877,95	
707	Ventes de marchandises		14 112,00
44571	État, TVA collectée		2 765,95
	10-10		
707	Ventes de marchandises	2 822,40	
44571	État, TVA collectée	553,19	
411	Client LETRÈFLE		3 375,59
	14-10		
413	Clients – Effets à recevoir	13 502,36	
411	Client LETRÈFLE		13 502,36
	LC n° 34 (16 877,95 – 3 375,59)		
	18-10		
5114	Effets à l'escompte	13 502,36	
413	Clients – Effets à recevoir		13 502,36
	LC n° 34		

	21-10		
512	Banques	13 360,77	
661	Charges d'intérêt	112,89	
627	Services bancaires	24,00	
44566	État, TVA déductible	4,70	
5114	Effets à l'escompte		13 502,36
	$13\ 502{,}36 \times 0{,}07 \times \frac{43}{360} = 112{,}89$		
	30-11		
	Pas d'enregistrement comptable.		

2. Journal de LETRÈFLE

	05-10		
607	Achats de marchandises	14 112,00	
44566	État, TVA déductible	2 765,95	
401	Fournisseur LECŒUR		16 877,95
	10-10		
401	Fournisseur LECŒUR	3 375,59	
607	Achats de marchandises		2 822,40
44566	État, TVA déductible		553,19
	14-10		
401	Fournisseur LECŒUR	13 502,35	
403	Fournisseurs – Effets à payer		13 502,36
	LC n° 34		
	30-11		
403	Fournisseurs – Effets à payer	13 502,36	
512	Banques		13 502,36

3 Les effets impayés

L'entreprise VARGAS a réalisé les opérations suivantes avec son client BENRAIS :

10 mars VARGAS tire sur son client BENRAIS une lettre de change n° LC28 au 30 avril pour un montant de 12 600 €

15 mars VARGAS remet à l'escompte l'effet LC28.

20 mars Réception du bordereau d'escompte de la négociation du 15 mars. Taux d'escompte 8 %. Commission de 20 € HT.

2 mai La banque de VARGAS lui adresse un avis d'impayé concernant l'effet n° LC28 et débite son compte d'un montant de 12 719,60 € (dont la TVA).

7 mai VARGAS tire un nouvel effet sur BENRAIS, LC n° 29 à échéance du 30 juin, en remplacement de l'effet impayé. Le nominal de l'effet comprend les frais d'impayé HT, les intérêts de retard au taux de 8 % l'an et la TVA.

1. Enregistrez ces opérations dans le journal de VARGAS.
2. Enregistrez ces opérations dans le journal de BENRAIS.

Corrigé

1. Journal de VARGAS

	10-03		
413	Clients – Effets à recevoir	12 600,00	
411	Clients		12 600,00
	LC n° 28		
	15-03		
5114	Effets à l'escompte	12 600,00	
413	Clients - Effets à recevoir		12 600,00
	20-03		
512	Banques	12 447,28	
661	Charges d'intérêt ($\frac{46 \text{ j.}}{360} \times 0{,}08 \times 12\,600$)	128,80	
627	Services bancaires	20,00	
44566	État, TVA déductible	3,92	
5114	Effets à l'escompte		12 600,00
	02-05		
411	Clients	12 600,00	
627	Services bancaires	100,00	
44566	État, TVA déductible	19,60	
512	Banques		12 719,60
	07-05		
413	Clients – Effets à recevoir	12 891,75	
411	Clients		12 600,00
791	Transfert de charges		100,00
763	Revenus des autres créances		172,15
	12 700 × 0,08 × 61/360		
44571	État, TVA collectée		19,60
	LC n° 29		

2. Journal de BENRAIS

	10-03		
401	Fournisseurs	12 600,00	
403	Fournisseurs – Effets à payer		12 600,00
	LC n° 28		
	30-04		
403	Fournisseurs – Effets à payer	12 600,00	
401	Fournisseurs		12 600,00
	07-05		
401	Fournisseurs	12 600,00	
661	Charges d'intérêts	172,15	
44566	État, TVA déductible	19,60	
627	Services bancaires	100,00	
403	Fournisseurs – Effets à payer		12 891,75

Entraînement

7 La TVA – Les avances et acomptes

1 TVA à décaisser

L'entreprise LEDINOY distribue des livres, des CD et des cassettes. Au cours du mois de juin, l'entreprise a réalisé les opérations suivantes :

Achats de CD	=	22 000 € HT
Achats de livres	=	38 000 € HT
Achats de cassettes	=	11 000 € HT
Ventes de livres	=	82 000 € HT
Ventes de CD	=	630 000 € HT
Ventes de cassettes	=	7 000 € HT
Exportation de CD	=	12 000 € HT

L'entreprise a acheté du matériel de bureau pour une valeur de 125 500 € HT (TVA 19,6 %).

La déclaration CA3 du mois précédent dégage un crédit de TVA de 1 250 €.

Les taux de TVA sur les livres, CD et cassettes sont respectivement de 5,5 % et 19,6 %.

1. Calculez la TVA à décaisser de juin.
2. Comptabilisez la liquidation de la TVA au journal de l'entreprise.

Corrigé

1. Calcul de la TVA à décaisser de juin

TVA collectée :	129 362
82 000 × 5,5 % = 4 510	
630 000 × 19,6 % = 123 480	
7 000 × 19,6 % = 1 372	
TVA déductible :	
22 000 × 19,6 % = 4 312	
38 000 × 5,5 % = 2 090	
11 000 × 19,6 % = 2 156	
Total de la TVA sur ABS :	8 558
125 500 × 19,6 % = 24 598	
Total de la TVA sur immobilisations :	24 598
TVA à reporter	1 250
TVA à décaisser	94 956

2. Comptabilisation au journal de l'entreprise

		Juin		
44571		État, TVA collectée	129 362	
	44562	État, TVA sur immobilisations		24 598
	44566	État, TVA déductible sur ABS		8 558
	44567	État, crédit de TVA		1 250
	44551	État, TVA à décaisser		94 956

2 LIQUIDATION DE LA TVA - DÉCLARATION CA3

L'entreprise LANÇON a réalisé sur ces deux derniers mois d'activité les opérations suivantes :

- **Février**

– Ventes HT de services : 110 000 € au taux ordinaire (TVO),
– Ventes HT de marchandises : 60 000 € au taux réduit (TVR)

Les prestations de services seront réglées pour moitié en mars.

– Achats et services facturés :
achats de marchandises : 80 000 € HT TVO. Règlement en mars
facture location, d'après les débits : 2 000 € HT TVR. Règlement en mars.
achat de matériel de bureau : 4 500 € HT TVO. Règlement comptant.
honoraires facturés : 5 000 € HT TVO. Règlement en mars.
transport des marchandises : 1 500 € HT TVO. Règlement en février.

- **Mars**

– Ventes HT de services : 100 000 € HT au taux ordinaire (TVO),
– Ventes HT de marchandises : 5 000 € HT au taux réduit (TVR)

Les règlements sont effectués en mars.

– Achats et services facturés :
achats de marchandises : 130 000 € HT TVO. Règlement en avril
facture France Télécom : 4 000 € HT TVO. Règlement en mars
réparation d'un véhicule de tourisme : 3 200 € HT TVO. Règlement en mars.
– Livraison à soi-même : 12 000 € HT TVO.

1. Calculez et comptabilisez la liquidation de la TVA de février. Indiquez les numéros des lignes concernées de la déclaration CA3.
2. Calculez et comptabilisez la liquidation de la TVA de mars. Indiquez les numéros des lignes concernées de la déclaration CA3.

Corrigé

1. Calcul de la TVA de février

TVA collectée sur ventes :		n° de la déclaration CA3	
			TVA brute
• 110 000 × 19,6 % × 1/2 = 10 780		08	Taux normal
• 60 000 × 5,5 % = 3 300		09	Taux réduit
Total de la TVA collectée :	14 080	16	Total TVA due
TVA déductible :			
• sur immobilisations 4 500 × 19,6 % =882		19	TVA déductible sur immobilisations
• sur achats de biens et services = 16 084		20	TVA déductible sur ABS
• 80 000 × 19,6 % =15 680			
• 2 000 × 5,5 % = 110			
• 1 500 × 19,6 % = 294			
Total de la TVA déductible	16 966	24	Total TVA déductible
Crédit de TVA :	2 886	25	Crédit de TVA
		27	Crédit de TVA à reporter

		Février		
44571		État, TVA collectée	14 080	
44567		État, crédit de TVA à reporter	2 886	
	44562	État, TVA sur immobilisations		882
	44566	État, TVA déductible sur ABS		16 084

2. Calcul de la TVA de mars

TVA collectée sur ventes :			n° de déclaration CA3	
				TVA brute
• 110 000 × 19,6 % × 1/2	= 10 780			
• 100 000 × 19,6 %	= 19 600	32 732	08	Taux normal
• 12 000 × 19,6 %	= 2 352			
• 5 000 × 5,5 %	=	275	09	Taux réduit
Total de la TVA collectée :		33 007	16	Total TVA due

Entraînement

TVA déductible :

		n° de déclaration CA3	
• sur immobilisations =	2 352	19	TVA déductible sur immobilisations
• 12 000 × 19,6 % = 2 352			
• sur achats de biens et services =	27 244	20	TVA déductible sur ABS
• 130 000 × 19,6 % = 25 480			
• 5 000 × 19,6 % = 980			
• 4 000 × 19,6 % = 784			
• réparation TVA non déductible			
• report du crédit de TVA =	2 886	22	Report du crédit précédent
Total de la TVA déductible :	32 482	24	Total TVA déductible
TVA à décaisser :	525	28	TVA nette due

	Mars		
44571	État, TVA collectée	33 007	
44562	État, TVA sur immobilisations		2 352
44566	État, TVA déductible sur ABS		27 244
44567	État, crédit de TVA à reporter		2 886
44551	État, TVA à décaisser		525

3 Liquidation de TVA avec TVA d'après les encaissements et d'après les débits, TVA intracommunautaire

La société REACTAIR fabrique et entretient des réacteurs d'avion. Le taux normal de TVA est appliqué à l'ensemble de ses opérations taxables.

L'entreprise n'a pas effectué la demande d'autorisation d'acquittement de la TVA d'après les débits auprès de l'administration fiscale.

Sur le mois courant, l'entreprise a comptabilisé les produits et les factures pour les montants HT suivants :
- Ventes de produits finis sur le marché national : 2 600 000 €.
- Ventes de produits finis à l'exportation : 900 000 €.
- Ventes de marchandises en Italie : 500 000 €.
- Entretiens et réparations facturés : 340 000 €.
- Services et prestations encaissés : 143 520 € TTC.
- Revenus sur placements financiers : 14 800 €.
- Factures d'achats de biens et fournitures divers : 42 000 €. Règlement à 45 jours fin de mois.
- Factures de services divers, réglées comptant : 12 000 €.
- Factures de services portant la mention « Taxes d'après les débits » : 16 000 €.
- Factures de travaux immobiliers, paiement à 30 jours fin de mois : 80 000 €.
- Factures d'acquisition de mobilier de bureau : 124 000 €.
- Acquisitions intracommunautaires : 200 000 €.

1. Calculez la TVA à décaisser du mois.
2. Comptabilisez au journal de l'entreprise REACTAIR la liquidation de cette TVA. Indiquez les numéros des lignes concernées de la déclaration CA3.
3. Enregistrez au journal le règlement par chèque bancaire de la facture des travaux immobiliers.

Corrigé

1. Calcul de la TVA collectée du mois					572 320 €
Ventes en France :	2 600 000 € HT	→	TVA	=	509 600 €
Encaissements sur services :	143 520 € TTC	→	TVA	=	23 520 €
TVA due intracommunautaire	200 000 €	→	TVA	=	39 200 €
Livraisons intracommunautaires	500 000 €	→	TVA exonérée		
Calcul de la TVA déductible du mois					77 224 €
Achats de biens et fournitures :	42 000 € HT	→	TVA	=	8 232 €
Services décaissés au comptant :	12 000 € HT	→	TVA	=	2 352 €

Entraînement

Services facturés d'après les débits :	16 000 € HT	→	TVA	=	3 136 €
Acquisition de mobilier :	124 000 € HT	→	TVA	=	24 304 €
Acquisitions intracommunautaires	200 000 €	→	TVA	=	39 200 €

Calcul de la TVA à décaisser du mois

TVA collectée du mois :	572 320 €
TVA déductible du mois : dont 25 544 sur immobilisations	– 77 224 €
TVA nette due :	495 096 €

Imprimé CA3

ligne 01	→	2 720 000	Ventes, prestations de services
ligne 03	→	39 200	Acquisitions intracommunautaires
ligne 06	→	500 000	Livraisons intracommunautaires
ligne 08	→	572 320	TVA brute au taux normal
ligne 16	→	572 320	Total TVA brute due
ligne 17	→	39 200	Dont TVA sur acquisitions intracommunautaires
ligne 19	→	24 304	TVA déductible sur immobilisations
ligne 20	→	52 920	TVA déductible sur ABS (77 224 – 24 304)
ligne 24	→	77 224	Total TVA déductible
ligne 29	→	495 096	TVA nette due
ligne 32	→	495 096	Total à payer

2. Comptabilisation de la liquidation

44571	État, TVA collectée	572 320	
44562	État, TVA déductible sur immobilisations		24 304
44566	État, TVA déductible sur ABS		52 920
44551	État, TVA à décaisser		495 098

3. Règlement des factures de travaux immobiliers

404	Fournisseurs d'immobilisations	95 680	
512	Banques		95 680
	(montant TTC)		
44562	État, TVA déductible sur immobilisations	15 680	
44580	État, TVA à régulariser		15 680
	(80 000 × 19,6 %)		

4 TVA SUR LIVRAISONS DE BIENS, TVA SUR ENCAISSEMENTS ET TVA SUR LES DÉBITS

Le traitement des avances et des acomptes

L'entreprise PROMIM est un promoteur-constructeur qui réalise la construction et l'aménagement complet de bâtiments par traitement d'appels d'offre sur les marchés publics.

L'entreprise, le 7 janvier *N*, a obtenu un marché, pour la réhabilitation d'une école, pour les lots suivants :

– ravalement, aménagements : 8 000 000 € HT
– études techniques : 400 000 € HT
– mobilier : 1 600 000 € HT

L'entreprise a réalisé des études techniques (faisabilité technique, architecte…) facturées le 12 avril *N*. Leur règlement par virement bancaire est effectué à la date de début des travaux le 3 mai *N*.

Le 15 mai *N*, 25 % d'acompte sont versés sur les travaux immobiliers.

L'avancement du chantier permet le versement d'un deuxième acompte (50 %) le 19 juillet *N*.

Le 10 septembre, date d'achèvement des travaux, la facturation du solde est réclamée. Cette facturation porte également sur le mobilier livré à cette date.

Le 25 octobre, le solde est définitivement réglé.

Les règlements s'effectuent par virement bancaire, le taux de TVA retenu est de 19,6 %.

1. Enregistrez au journal de l'entreprise PROMIM les opérations précédentes.
2. Si l'entreprise pouvait opter pour le paiement de la TVA d'après les débits, indiquez les incidences comptables.

Entraînement

Corrigé

1. Journal de PROMIM

		Débit	Crédit
	12-04		
411	Clients	478 400	
705	Études		400 000
44580	État, TVA à régulariser		78 400
	Facturation		
	03-05		
512	Banques	478 400	
411	Clients		478 400
	Règlement		
	d°		
44580	État, TVA à régulariser	78 400	
44571	État, TVA collectée		78 400
	TVA exigible		
	15-05		
512	Banques	2 392 000	
4191	Clients – Avances et acomptes reçus		2 392 000
	(25 % × 8 000 000 × 1,196)		
	d°		
44580	État, TVA à régulariser	392 000	
44571	État, TVA collectée		392 000
	19-07		
512	Banques	4 784 000	
4191	Clients – Avances et acomptes reçus		4 784 000
	(50 % × 8 000 000 × 1,196)		
	d°		
44580	État, TVA à régulariser	784 000	
44571	État, TVA collectée		784 000
	10-09		
411	Clients	2 392 000	
4191	Clients – Avances et acomptes reçus	7 176 000	
704	Travaux		8 000 000
44580	État, TVA à régulariser		1 568 000
	Facturation des travaux		

	d°		
411	Clients	1 913 600	
707	Ventes de marchandises		1 600 000
44571	État, TVA collectée		313 600
	25-10		
512	Banques	4 305 600	
411	Clients		4 305 600
	(2 392 000 + 1 913 600)		
	d°		
44580	État, TVA à régulariser	392 000	
44571	État, TVA collectée		392 000

2. Option sur les débits

Les seuls changements concernent les écritures suivantes :

	12-04		
411	Clients	478 400	
705	Études		400 000
44571	État, TVA collectée		78 400
	03-05		
	Pas de régularisation de TVA		
	10-09		
411	Clients	2 392 000	
4191	Clients – Avances et acomptes reçus	7 176 000	
704	Travaux		8 000 000
44571	État, TVA collectée		392 000
44580	État, TVA à régulariser		1 176 000
	Pas de régularisation de TVA		

Les acomptes restent soumis à la TVA d'après les encaissements.

Entraînement

8 Les états de rapprochement

1 ÉTAT DE RAPPROCHEMENT BASIQUE

Le compte « Banques » tenu par l'entreprise LACAN présente au 31 mars *N* un solde débiteur de 20 391 €. Le relevé de compte adressé par la banque présente un solde créditeur de 19 701 €.

Le pointage des deux états vous indique les points suivants :

– Des agios et des frais bancaires de 170 € ne sont pas comptabilisés.

– Un chèque de 1 380 € a été remis au fournisseur LEBEY et n'apparaît pas sur le relevé.

– Une prime d'assurance a été prélevée le 30 mars. L'opération de 8 400 € n'apparaît pas dans les comptes de l'entreprise.

– Le chèque du fournisseur TORRES n'apparaît pas sur le relevé : 6 500 €.

1. Présentez l'état de rapprochement du compte « Banques » de l'entreprise LACAN.
2. Enregistrez au journal les régularisations d'après l'état de rapprochement.

Corrigé

1. État de rapprochement de l'entreprise LACAN

512 Banques — **Relevé de comptes**

Montants		Opérations	Montants	
Débit	**Crédit**		**Débit**	**Crédit**
20 391		Solde au 31 mars *N*		19 701
	170	Agios		
		Chèque fournisseur	1 380	
	8 400	Prime d'assurance		
		Chèque fournisseur	6 500	
	11 821		11 821	
20 391	20 391	Total	19 701	19 701

2. Écriture du journal

	31-03		
66	Charges d'intérêts	170	
616	Primes d'assurance	8 400	
512	Banques		8 570
	D'après état de rapprochement		

Entraînement

2 ÉTAT DE RAPPROCHEMENT

Soit : – le relevé de compte de l'entreprise GIL
– le compte « 512 Banques » tenu par l'entreprise au 31 décembre *N.*

Relevé de compte de GIL	Débit	Crédit
Solde au 30 novembre		8 940(SC)
Versement en espèces : 2-12		1 210
Remise de chèques : 5-12		4 300
Virement bancaire : 7-12	1 410	
Prélèvement EDF : 11-12	920	
Domiciliation : 15-12	2 530	
Agios : 24-12	130	
Remise d'effet : 28-12		2 640
Solde au 31 décembre	12 100(SC)	

Compte « 512 Banques »	Débit	Crédit
Solde au 30 novembre	8 700(SD)	
Versement en espèces	1 210	
Remise de chèque TAVEL : 4-12	4 320	
Frais d'encaissement TAVEL : 4-12		20
Virement en notre faveur : 5-12	240	
Domiciliations : 16-12		2 530
Domiciliations : 26-12		1 200
Remise d'effet : 28-12	2 662	
Frais sur remise d'effet : 28-12		22
Solde au 31 décembre		13 360(SD)

1. Établissez l'état de rapprochement au 31 décembre N.
2. Enregistrez au journal de GIL les écritures d'après l'état de rapprochement.

Corrigé

La différence entre les soldes initiaux au 30 novembre s'élève à (8 940 – 8 700), soit 240. D'après le pointage des comptes, cette différence représente la somme de 240 (virement en notre faveur du 05-12).

1. État de rapprochement de l'entreprise GIL

512 Banques – Montants – Débit	512 Banques – Montants – Crédit	Opérations	Relevé de banque – Montants – Débit	Relevé de banque – Montants – Crédit
13 360		Solde au 31 décembre *N*		12 100
	1 410	Virement		
	920	Prélèvement EDF		
	130	Agios		
		Domiciliation	1 200	
	10 900	Soldes	10 900	
13 360	13 360	Total	12 100	12 100

2. Enregistrement au journal de GIL

		31-12		
401		Fournisseurs	1 410	
606		Achats non stockés et autres approvisionnements	920	
66		Charges d'intérêts	130	
	512	Banques		10 900
		État de rapprochement		

Entraînement

9 Les amortissements

1 Plans d'amortissement linéaire et dégressif

L'entreprise ALLEX établit pour un matériel industriel deux plans d'amortissement : l'un dans le système linéaire, l'autre dans le système dégressif, compte tenu des données suivantes :

– valeur brute : 180 000 € HT ;
– valeur résiduelle estimée à 50 000 € HT ;
– durée d'utilisation : 5 ans ;
– date d'acquisition : 30 novembre *N* ;
– date de mise en service : 15 décembre *N* ;
– date de clôture des exercices : 31 mars.

1. Présentez les deux plans d'amortissement.
***2. Passez l'écriture de dotations aux amortissements compte tenu de l'avantage fiscal offert pour le système dégressif au 31 mars* N.**

Corrigé

1. Plans d'amortissement de l'entreprise ALLEX

Amortissement du matériel industriel				
Système linéaire Durée : 5		Valeur origine 180 000	Nombre de jours d'amort. : 105	
Années	Base calcul	Annuités	Cumul	VNC
N	**130 000**	7 583	7 583	172 417
N + 1	130 000	26 000	33 583	146 417
N + 2	130 000	26 000	59 583	120 417
N + 3	130 000	26 000	85 583	94 417
N + 4	130 000	26 000	111 583	68 417
N + 5	130 000	18 417	130 000	**50 000**

Amortissement du matériel et outillage Système dégressif – Durée : 5			Mois amortissement : 5 Coefficient : 1,75		
Taux Cstt	Taux Dég	Années	Base calcul	Annuités	VNC
0,2	0,35	*N*	130 000	18 958	111 042
0,25	0,35	*N* + 1	111 042	38 865	72 117
0,33	0,35	*N* + 2	72 117	25 262	46 915
0,5	0,35	*N* + 3	46 915	23 458	23 458
1	0,35	*N* + 4	23 458	23 458	0

Amortissement dérogatoire				
Années	**Amort. fiscal**	**Amort. économique**	**Amortissement dérogatoire**	
			Dotations	**Reprises**
N	18 958	7 583	11 375	
N + 1	38 865	26 000	12 865	
N + 2	25 262	26 000		738
N + 3	23 458	26 000		2 542
N + 4	23 458	26 000		2 542
N + 5		18 417		18 417
			24 240	24 240

2. Écriture

	31-03-*N*		
681	Dotations aux amortissements	7 583,33	
28154	Amortissements du matériel industriel		7 583,33
	d°		
687	Dotations aux amortissements réglementées	11 375	
145	Amortissements dérogatoires		11 375
	Amortissement dérogatoire		

2 AMORTISSEMENT LINÉAIRE

La société CAZORLA a acquis le 14 décembre *N* un micro-ordinateur ainsi composé : une unité centrale 2 900 € ; un clavier 100 € ; un écran couleur 500 € ; une imprimante 750 € ; un système d'exploitation 950 € ; TVA 19,6 %.

Le règlement a été réalisé par acceptation d'une traite au 30 mars *N*.

Le micro-ordinateur a été mis en service le 2 janvier *N*.

1. ***Calculez le coût d'achat du micro-ordinateur.***
2. ***Enregistrez au journal l'acquisition du micro-ordinateur.***
3. ***Établissez le tableau d'amortissement du micro-ordinateur sachant que sa durée de vie probable est de 5 ans, et que l'amortissement s'effectue en fonction du nombre d'heures d'utilisation. La durée totale d'utilisation est estimée à 15 000 heures. Le rythme de consommation des avantages attendus est estimé ainsi sur les 5 années suivantes : 4 000 h, 4 000 h, 3 000 h, 2 000 h, 2 000 h.***
4. ***Passez au journal l'écriture de dotations aux amortissements de l'année* N.**
5. ***Quelle sera la valeur comptable nette du micro-ordinateur au 31-12-(*N *+ 3) ?***

Corrigé

1. Coût d'achat du micro-ordinateur

Coût d'achat = Prix d'achat net HT + Frais accessoires HT
= 2 900 + 100 + 500 + 750 + 950

Coût d'achat = 5 200

2. Enregistrement de l'acquisition du micro-ordinateur

	14-12-*N*		
2183	Matériel de bureau et matériel informatique	5 200	
44562	État, TVA déductible sur immobilisations	1 019,20	
404	Fournisseurs d'immobilisation		6 219,20
	Facture n°		
	30-03-*N + 1*		
404	Fournisseurs d'immobilisations	6 219,20	
405	Fournisseurs d'immobilisations		
	Effets à payer		6 219,20
	Acceptation lettre de change n°, facture n°		

3. Tableau d'amortissement du micro-ordinateur

Base amortissable = Coût d'achat = 5 200 €

La première annuité se calcule à partir de la date de mise en service.

Amortissement du matériel de bureau Sur le rythme de consommation – Durée : 5			Heures d'utilisation Coefficient :		15 000
Année	**Base calcul**	**Heures utiles**	**Annuités**	**Cumul**	**VNC**
N	5 200	4 000	1 387	1 387	3 813
N + 1	5 200	4 000	1 387	2 773	2 427
N + 2	5 200	3 000	1 040	3 813	1 387
N + 3	5 200	2 000	693	4 507	693
N + 4	5 200	2 000	693	5 200	0

$$\text{Annuité } N, N + 1 = 5\,200 \times \frac{4\,000}{15\,000} = 1\,387$$

$$\text{Annuité } N + 2 = 5\,200 \times \frac{3\,000}{15\,000} = 1\,040$$

$$\text{Annuité } N + 3, N + 4 = 5\,200 \times \frac{2\,000}{15\,000} = 693$$

4. Écriture de dotations d'amortissement N

	31-12-*N*		
6811	Dotations aux amortissements	1 387	
28183	Amortissements matériel de bureau et informatique		1 387
	Annuité d'amortissement selon plan d'amortissement		

5. Valeur comptable nette au 31-12-N + 3

Selon le plan d'amortissement [q.3] la valeur comptable nette au 31-12-*N* + 3 est de 693 €.

3 DATE ET TAUX D'AMORTISSEMENT

Le 31 décembre *N*, vous disposez des renseignements suivants relatifs aux immobilisations et amortissements de l'entreprise REISS.

Libellés	Soldes avant inventaire		Soldes après inventaire	
	D	C	D	C
Constructions	480 000		480 000	
Matériel industriel	520 000		520 000	
Matériel de transport	150 000		150 000	
Matériel de bureau et matériel informatique	60 000		60 000	
Amortissement des frais d'établissement		17 500		25 000
Amortissements des constructions		56 000		80 000
Amortissements du matériel industriel		131 250		189 687,5
Amortissements du matériel de transport		64 000		94 000
Amortissements du matériel de bureau et matériel informatique		21 000		30 000

L'entreprise REISS utilise le système de l'amortissement constant.

Toutes les immobilisations ont été acquises à la création de l'entreprise à l'exception :

– d'un tour automatique comptabilisé pour 70 000 € au cours de l'exercice *N*,

– d'un véhicule utilitaire comptabilisé pour 60 000 € au cours de l'exercice *N*–2.

1. Retrouvez la date de création de l'entreprise.

2. Calculez tous les taux d'amortissement pratiqués.

3. Déterminez la date d'acquisition du tour automatique ainsi que celle du véhicule utilitaire.

NB : Les dates d'acquisition correspondent aux dates de mise en service.

Entraînement

Corrigé

1. Date de création de l'entreprise

Raisonnons à partir des informations relatives aux constructions.

Valeur d'origine = 480 000

Annuité d'amortissement = 80 000 – 56 000 = 24 000

On sait que Annuité = Vo × t % ; donc $t\,\% = \dfrac{A}{Vo} = \dfrac{24\,000}{480\,000} = 5\,\%$

La somme des amortissements avant inventaire est égale à :

$56\,000 = Vo \times t\,\% \times \dfrac{n}{360}$

$\rightarrow n = \dfrac{56\,000 \times 360}{480\,000 \times 5/100} = \dfrac{56\,000 \times 360}{2\,400} = 840$ jours, soit 2 ans et 120 jours.

La date de création est le 1er septembre $N - 3$.

2. Taux d'amortissement pratiqués

• *Matériel de bureau et informatique*

Valeur d'origine = 60 000

Somme des amortissements pratiqués = 21 000

Durée d'amortissement 840 jours.

$\text{Amortissements} = Vo \times t\,\% \times \dfrac{n}{360}$

$\rightarrow t\,\% = \dfrac{\text{Amortissements} \times 360}{Vo \times 840} = \dfrac{21\,000 \times 360}{60\,000 \times 840} = 0{,}15.$

Le taux d'amortissement est de 15 %.

• *Matériel industriel*

La valeur à la création de l'entreprise est de : 520 000 − 70 000 = 450 000

La somme des amortissements pratiqués au 01-01-*N* est de 131 250 €

On a donc : $\text{Amortissements} = VO \times t\,\% \times \dfrac{840 \text{ jours}}{360 \text{ jours}}$

$\rightarrow t\,\% = \dfrac{\text{Amortissement} \times 360}{Vo \times 840} = \dfrac{131\,250 \times 360}{450\,000 \times 840} = 0{,}125$

Le taux d'amortissement du matériel industriel est de 12,5 %.

• *Matériel de transport*

L'annuité pratiquée en *N* est de 94 000 – 64 000, soit 30 000

Annuité = Vo × t %

$\rightarrow t\,\% = \dfrac{\text{Annuité}}{Vo} = \dfrac{30\,000}{150\,000} = 0{,}2$. Le taux d'amortissement est de 20 %.

3. Dates d'acquisition

• *du tour automatique*

L'annuité du matériel industriel pratiquée en *N* est de :
189 687,5 − 131 250 = 58 437,5.

L'annuité comprend l'amortissement du tour et l'amortissement des autres biens.

Amortissement des autres biens = 450 000 × 12,5 % = 56 250

Amortissement du tour = 58 437,5 − 56 250 = 2 187,5

$$\text{Annuité du tour} = \text{Vo} \times t\,\% \times \frac{n}{360}$$

$$\rightarrow n = \frac{\text{Annuité} \times 360}{\text{Vo} \times t\,\%} = \frac{2\,187{,}5 \times 360}{70\,000 \times 0{,}125} = 90 \text{ jours}$$

La date d'acquisition du tour est le 1er octobre *N*.

• *du véhicule utilitaire*

La somme des amortissements pratiqués jusqu'au 31/12/*N* − 1 est de 64 000 et correspond aux amortissements du véhicule utilitaire et des autres matériels de transport.

On a donc :

$$64\,000 = (\text{Vo1} \times t\,\% \times \frac{N1}{360}) = (\text{Vo2} \times t\,\% \times \frac{N2}{360})$$

Vo1 = 150 000 – 60 000 = 90 000

Vo2 = 60 000

soit

$$64\,000 = 90\,000 \times 20\,\% \times \frac{840}{360} + 60\,000 \times 20\,\% \times \frac{N2}{360}$$

$$64\,000 = 42\,000 + \frac{12\,000}{360}\,N2$$

$$\rightarrow N2 = (64\,000 - 42\,000) \times \frac{360}{12\,000} = 660, \text{ jours soit 1 an et 300 jours.}$$

Le véhicule utilitaire a été acheté le 1er mars *N* − 2.

4 Amortissements – Régulation de cession

Le 1er janvier *N*, l'entreprise LOUET a fait l'acquisition d'un outillage industriel pour une valeur hors taxes de 75 000 € HT, mise en service le même jour.

L'outillage industriel est amortissable en mode linéaire sur cinq ans et ne peut pas faire l'objet d'une ventilation par composants. Sa valeur résiduelle à la fin de la période d'utilisation est nulle.

La valeur actuelle de l'outillage industriel se présente ainsi sur les années suivantes :

31 décembre *N*	63 000 €
31 décembre *N* + 1	38 250 €
31 décembre *N* + 2	33 750 €
31 décembre *N* + 3	15 000 €
31 décembre *N* + 4	0

L'entreprise est assujettie à la TVA à taux normal et son exercice comptable se termine au 31 décembre N.

1. Présentez le plan d'amortissement.
2. Calculez et commentez les dépréciations annuelles en rapprochant la valeur nette comptable (VNC) de la valeur actuelle pour chaque exercice.
3. Présentez le plan d'amortissement en fonction des dépréciations éventuelles constatées.
4. Comptabilisez les écritures comptables au journal de l'entreprise au 31 décembre* N, N + *1*, N + *2
***5. Enregistrez la mise au rebut du matériel industriel au 31 décembre* N + *4*.**

Corrigé

1. Plan d'amortissement initial

Plan d'amortissement - matériel industriel

Exercices	Base amortissable	Annuités d'amortissement	Valeur nette comptable à la clôture
N	75 000	15 000	60 000
N + 1	75 000	15 000	45 000
N + 2	75 000	15 000	30 000
N + 3	75 000	15 000	15 000
N + 4	75 000	15 000	0

2. Tableau final des amortissements et des dépréciations

En résumé, pour chaque année, on dispose des dotations aux amortissements et aux dépréciations calculées ainsi :

Années	Valeur Brute	Base amortissable	Annuités d'amort.	VNC	Valeur actuelle	Dépréciation
N	75 000	75 000	15 000	60 000	63 000	0
N + 1	75 000	75 000	15 000	45 000	38 250	+ 6 750
N + 2	75 000	38 250	12 750	25 500	33 750	– 4 500
N + 3	75 000	30 000	15 000	15 000	15 000	0
N + 4	75 000	15 000	15 000	0	0	0
Totaux			72 750			+ 2 250

3. Calculs et commentaires sur les dépréciations annuelles

Exercices	Valeur actuelle	Valeur nette comptable	Valeur nette comptable corrigé	Annuités d'amort.	Dépréciation de l'immobilisation dont la valeur brute est de 75 000 €
N	63 000	60 000	60 000	15 000	La valeur actuelle au 31 décembre *N* est supérieure à la valeur nette comptable (VNC) ; le plan d'amortissement initial n'est donc pas remis en cause.
N + 1	38 250	45 000	38 250	15 000	La valeur actuelle est inférieure à la VNC. Une dépréciation de 6 750 € doit être enregistrée (45 000 − 38 250 = 6 750 €). La nouvelle VNC s'établit à : 75 000 − 30 000 − 6 750 = 38 250 € Les dotations suivantes se calculent donc comme suit : 38 250 / 3 = 12 750 €
N + 2	33 750	30 000	25 500	12 750	La VNC est égale à 25 500 €. 38 250 − 12 750 ou (75 000 − 42 750 − 6 750 = 25 500 €) La valeur actuelle est de 33 750 €. La valeur actuelle est supérieure à la VNC du plan d'amortissement initial (30 000 €). Il est nécessaire de faire une reprise de la dépréciation dans la limite de 4 500 €. (30 000 − 25 500 = 4 500 €). Ainsi, la nouvelle VNC (30 000 €) n'est pas supérieure à ce qu'elle aurait été si aucune dépréciation n'avait été passée. Les dotations aux amortissements des exercices *N* + 3 et *N* + 4 sont de 15 000 € pour chacun des exercices. (30 000 / 2 = 15 000 €)
N + 3	15 000	15 000	15 000	15 000	La VNC est de 15 000 €, soit 75 000 − 57 750 − (6 750 − 4 500) = 15 000 € La VNC est égale à la valeur actuelle, pas dépréciation nouvelle, ni reprise.
N + 4	0	0	0	15 000	La VNC est nulle, comme la valeur actuelle. Mise au rebut de l'outillage industriel.

4. Ecritures comptables à enregistrer au journal de l'entreprise

	31 décembre *N*		
6811	Dotations aux amortissements des immobilisations incorporelles et corporelles	15 000	
28154	Amortissements des matériels industriels		15 000
	Selon plan d'amortissement		
	31 décembre *N* + 1		
6811	Dotations aux amortissements des immobilisations incorporelles et corporelles	15 000	
28154	Amortissements des matériels industriels		15 000
	Selon plan d'amortissement		

	31 décembre $N+1$		
6816	Dotations aux dépréciations des immobilisations incorporelles et corporelles	6 750	
29154	Dépréciations des matériels industriels		6 750
	31 décembre $N+2$		
6816	Dotations aux amortissements des immobilisations	12 750	
	incorporelles et corporelles		12 750
28154	Amortissements des matériels industriels		
	Selon plan d'amortissement modifié		
	31 décembre $N+2$		
29154	Dépréciations des matériels industriels	4 500	
7816	Reprises sur dépréciations des immobilisations incorporelles et corporelles		4 500
	31 décembre $N+3$		
6816	Dotations aux amortissements des immobilisations incorporelles et corporelles	15 000	
28154	Amortissements des matériels industriels		15 000
	Selon plan d'amortissement modifié		
	31 décembre N + 4		
6811	Dotations aux amortissements des immobilisations incorporelles et corporelles	15 000	
28154	Amortissements des matériels industriels		15 000
	Selon plan d'amortissement modifié		
	31 décembre N + 4		
29154	Dépréciations des matériels industriels	2 250	
28154	Amortissements des matériels industriels	72 750	
2154	Matériels industriels		
	Mise au rebut		75 000

5 Amortissements - Immobilisations

L'entreprise MCDL vous communique les informations suivantes de fin d'exercice N :

1. Toutes les constructions ont été acquises à la constitution de la société début juillet $N-8$.

2. Le 1er avril N, la société a acquis un matériel de manutention pour 44 000 € et 1 000 € de port (montants hors TVA ; TVA 19,60 %). Un acompte de 12 000 € avait été versé le 15 janvier N, le solde a été réglé par chèque bancaire. Ce matériel est amortissable en linéaire sur 10 ans.

3. Le 30 avril N, la société a revendu un camion tracteur pour 60 000 €, acheté le 1er juillet $N-3$. Le règlement du prix de cession est intervenu le 15 juin N. Il s'agit de la seule cession de camion en N. Le 15 mai N, un nouveau tracteur de 18 tonnes a été acheté pour 150 000 € HT (TVA 19,60 %). Les tracteurs sont amortis en dégressif sur 4 ans. Sur la période fiscale concernée la coefficient

d'amortissement dégressif est encore de 1,25. L'amortissement économique retenu est l'amortissement linéaire.

1. Retrouvez le taux linéaire d'amortissement des constructions.
2. Calculez la dotation d'amortissement du nouveau matériel de manutention au titre de l'exercice N.
3. Présentez le tableau d'amortissement du nouveau tracteur de 18 tonnes.
4. Reconstituez les écritures suivantes :
– acquisition du 1er avril N ;
– cession du 30 avril N *; sachant qu'au 31 décembre* N *– 1, le cumul d'amortissement s'élevait à 75 000 € ;*
– dotation aux amortissements de l'immobilisation cédée ;
*– régularisation de la cession du tracteur au 31-12-*N.
– dotation aux amortissements du nouveau tracteur.

Annexe 1. Tableau des immobilisations au 31-12-*N*

Rubriques \ Situations et mouvements	A Valeur brute à la fin de l'exercice précédent	B Augmentations	C Diminutions	D Valeur brute à la clôture de l'exercice
Immobilisations incorporelles				
– frais d'établissement	5 250			5 250
– fonds commercial	150 000			150 000
Immobilisations corporelles				
– constructions	400 000			400 000
– matériel industriel	118 720	45 000		163 720
– matériel de transport	1 842 380	150 000	120 000	1 872 380
– matériel de bureautique	302 000		24 000	278 000
Immobilisations financières				
– autres	10 200			10 200
Total	2 828 550	195 000	144 000	2 879 550

Annexe 2. Tableau des amortissements au 31-12-*N*

Rubriques \ Situations et mouvements	A Montant de l'amort. cumulés à la fin de l'exercice précédent	B Dotations de l'exercice	C Diminution d'amort. de l'exercice	D Montant des amort. cumulés à la clôture de l'exercice
Immobilisations incorporelles				
– frais d'établissement	3 150	1 050	–	4 200
Immobilisations corporelles				
– constructions	150 000	20 000	–	170 000
– matériel industriel	16 538	11 122	–	27 660
– matériel de transport	430 029,50	450 978	85 000,00	796 007,50
– matériel bur./inform.	128 065,50	27 800	16 865,50	139 000
Immobilisations financières				
Total	727 783	510 950	101 865,50	1 136 867,50

Entraînement

Corrigé

1. Taux linéaire d'amortissement des constructions

Selon l'annexe tableau des amortissements, les constructions sont amorties de 20 000 € par an. Ces constructions ont une valeur de 400 000 € (tableau des immobilisations). Le taux d'amortissement est donc de 5 % (20 000/400 000), soit une durée de 20 ans. Contrôle : 170 000/400 000 = 42,5 %, soit 8,5 ans d'amortissements du 01-07-*N* – 8 au 31-12-*N*.

2. Dotation du nouveau matériel de manutention

La valeur du matériel s'élève comptablement à 45 000 € car les frais de mise en état d'utilisation font partie du coût d'acquisition d'une immobilisation.

Dotation de $N = 45\,000 \times 0{,}10 \times 9/12 = 3\,375$ €

Amortissement de matériel de transport				
	Système linéaire	Durée : 4	Jours amort. Coefficient	225 –
Année	**Base calcul**	**Annuités**	**Cumul**	**VNC**
N	150 000	23 438	23 438	126 563
N + 1	150 000	37 500	60 938	89 063
N + 2	150 000	37 500	98 438	51 563
N + 3	150 000	37 500	135 938	14 063
N + 4	150 000	14 063	150 000	0

Amortissement du matériel de transport				
Système dégressif Taux dégressif : 0,3125		Durée 4	Mois amort. Coefficient	8 1,25
Taux linéaire	**Années**	**Base calcul**	**Annuités**	**VNC**
0,25	*N*	150 000	31 250	118 750
0,33	*N* + 1	118 750	39 583	79 167
0,5	*N* + 2	81 641	39 583	39 584
1	*N* + 3	40 820	39 584	0
			150 000	

Amortissement dérogatoire				
			Amortissement dérogatoire	
Années	**Amort. fiscal**	**Amort. économique**	**Dotations**	**Reprises**
N	31 250	23 438	7813	
N + 1	39 583	37 500	2083	
N + 2	39 583	37 500	2083	
N + 3	39 584	37 500	2084	
N + 4		14 063		14 063
			14 063	14 063

4. Écritures concernant les immobilisations

Amortissement *N* du tracteur cédé : selon l'annexe (tableau des immobilisations) le tracteur cédé avait une valeur d'origine de 120 000 €. Le tableau d'amortissement linéaire sur 4 ans permet de calculer le montant de l'annuité sur *N*.

L'amortissement *N* ne concerne que 4 mois jusqu'à la cession du 30-04-*N*, soit $120\,000 \times 0{,}25 \times 120/360 = 10\,000$

Le cumul des amortissements s'élève alors à 75 000 + 10 000 soit 85 000 € et la valeur comptable nette à 35 000 €.

	01-04-*N*		
2182	Matériel de transport	45 000	
44562	État, TVA déductible sur immobilisations	8 820	
238	Avances et acomptes versés		12 000
512	Banques		41 820
	30-04-*N*		
462	Créances sur cessions d'immobilisations	71 760	
775	Produits des cessions d'élément d'actif		60 000
44571	État, TVA collectée		11 760

	31-12-*N*		
681	Dotations aux amortissements	10 000	
28182	Amortissements du matériel de transport		10 000
	d°		
28182	Amortissements du matériel de transport	85 000	
675	VCEAC	35 000	
2182	Matériel de transport		120 000
	d°		
681	Dotations aux amortissements	23 438	
28182	Amortissements du matériel de transport		23 438
	d°		
687	Dotations aux provisions réglementées	7 813	
145	Amortissements dérogatoires		7 813

10 Les dépréciations et provisions

1 Les dépréciations des titres

L'entreprise SISTER dispose d'un portefeuille de titres au 31 décembre *N* :

Nature des titres	Quantité	Cours d'acquisition	Cours au 31-12-*N*	Provisions antérieures
VMP - Actions Peugeot	200	300 € en 04-*N* − 2	320 €	3 000 €
VMP - Actions St-Gobain	300	170 € en 06-*N* − 1	150 €	2 000 €
Titres immobilisés-Accor	400	50 € en 09-*N* − 2	46 €	} 2 000 €
Titres immobilisés-Accor	600	43 € en 04-*N* − 1	46 €	

1. Calculez le montant des dépréciations nécessaires au 31 décembre N.
2. Enregistrez les régularisations nécessaires.

Corrigé

1. Montant des dépréciations nécessaires

Nature des titres	Prix d'achat	Valeur d'inventaire	Dépréciations antérieures	Dépréciations nécessaires	Commentaires
VMP - Peugeot	300	320	3 000	0	Reprendre les 3 000
VMP - St-Gobain	170	150	2 000	6 000	Dotations complémentaires de 4 000
Titres Immob. ACCOR	45,8 *	46	2 000	0	Reprendre les 2 000

* [(400 × 50) + (600 × 43)] / 1000

2. Enregistrement des régularisations nécessaires

	31-12-*N*		
686	Dotations aux dépréciations. Charges financières	1 000	
590	Dépréciations des VMP (4 000 – 3 000)		1 000
	31-12-*N*		
2971	Dépréciations des titres immobilisés	2 000	
786	Reprises sur dépréciations		2 000

2 Dépréciation des stocks

L'entreprise OLIVIER présente l'état des stocks suivant sur l'exercice *N* :

Stocks	Valeur au bilan		Dépréciation constatée	
	au 01-01-*N*	au 31-12-*N*	au 01-01-*N*	au 31-12-*N*
Matières premières	180 000	160 000	20 %	15 %
Produits finis	420 000	440 000	10 %	20 %
Marchandises	230 000	120 000	10 %	5 %

Comptabilisez les écritures de régularisation des stocks et des dépréciations.

Corrigé

Écritures de régularisation des stocks et des dépréciations

	31-12-*N*		
391	Dépréciations des matières premières (180 000 × 0,2)	36 000	
395	Dépréciations des stocks de produits (420 000 × 0,10)	42 000	
397	Dépréciations des stocks de marchandises (230 000 × 0,10)	23 000	
781	Reprises sur dépréciations		101 000
	d°		
681	Dotations aux dépréciations. Charges d'exploitation	118 000	
391	Dépréciations des stocks de matières premières (160 000 × 0,15)		24 000
395	Dépréciations des stocks de produits (440 000 × 0,20)		88 000
397	Dépréciations des stocks de marchandises (120 000 × 0,05)		6 000
	d°		
6031	Variation des stocks de matières premières	180 000	
6037	Variation des stocks de marchandises	230 000	
7135	Variation des stocks de produits	420 000	
31	Stocks de matières premières		180 000
37	Stocks de marchandises		230 000
35	Stocks de produits finis		420 000
	d°		
31	Stocks de matières premières	160 000	
37	Stocks de marchandises	120 000	
35	Stocks de produits finis	440 000	
6031	Variation des stocks de mat. prem.		160 000
6037	Variation des stocks de marchandises		120 000
7135	Variation des stocks de produits		440 000

3 DÉPRÉCIATIONS DES CRÉANCES CLIENTS

L'entreprise LACROIX présente l'état des créances suivant au 31-12-*N*.

Nom des clients	Nominal (TTC) de la créance	Taux de TVA	Dépréciations au 31-12-(*N* − 1)	Règlements courants *N*	Observations
MOREL	57 400,00	19,60 %	33 600,00	23 912,00	pour solde
HAMON	35 880,00	19,60 %	15 000,00	11 960,00	perte à prévoir : 80 % du solde
ANESY	14 352,00	19,60 %	3 600,00	5 980,00	totalement irrécouvrable
DUVAL	9 568,00	19,60 %	–	–	règlement espéré : 70 % de la créance

***1. Présentez le tableau d'ajustement des dépréciations des créances douteuses ou litigieuses au 31-12-*N.

2. Passez les écritures de régularisation au journal de l'entreprise.

Corrigé

1. Tableau d'ajustement des dépréciations des créances douteuses

Clients	Créan. TTC 01/01	Règlt	Créan. TTC 31/12	Taux TVA	Créan. HT 31/12	Dép. existante	Taux prov.	Dép. nécess.	Dotat.	Reprises	Créances irrécouvrables HT	Créances irrécouvrables TVA
MOREL	57 400	23 912	33 488	0,196	28 000	33 600	0,00	0[(a)]	0	33 600	28 000	5 488
HAMON	35 880	11 960	23 920	0,196	20 000	15 000	0,80	16 000	1 000	0	0	0
ANESY	14 352	5 980	8 372	0,196	7 000	3 600	0,00	0	0	3 600	7 000	1 372
DUVAL	9 568		9 568	0,196	8 000		0,30	2 400	2 400	0	0	0
TOTAL	117 200	41 852	75 348		63 000	52 200		18 400	3 400	37 200	35 000	6 860

(a) Le taux de dépréciation 0 signifie que la créance est irrécouvrable.

2. Écritures de régularisation du journal

		Débit	Crédit
	31-12		
681	Dotations aux dépréciations	3 400	
491	Dépréciations des comptes clients		3 400
	31-12		
491	Dépréciations des comptes clients	37 200	
781	Reprises sur dépréciations		37 200
	31-12		
654	Pertes sur créances irrécouvrables	35 000	
44551	État, TVA à décaisser	6 860	
416	Clients douteux		41 860

4 Dépréciations des créances clients

L'extrait de la balance par soldes, avant inventaire au 31 décembre *N*, de l'entreprise LETORT se présente ainsi :

411 Clients 450 000 ; 416 Clients douteux 181 458 ;

491 Dépréciations des comptes clients 34 500.

État des créances au 31 décembre *N* :

Créances	Montant TTC	Dépréciations existantes	Règlements	Observations
ROMAIN	69 368	14 500	–	Porter la dépréciation à 40 %
CELTE	50 232	–	–	Créance nouvelle à déprécier : 20 %
FRANC	28 704	5 800	–	Client devenu insolvable
GAULOIS	81 544	14 200	5 000	Déprécier à hauteur de 20 %
CLOVIS	38 272	–	–	Créance devenue insolvable dans l'exercice.

Taux de TVA normal.

1. Présentez un tableau d'analyse des créances douteuses au 31-12-N.
2. Passez au journal de l'entreprise LETORT l'ensemble des écritures de régularisation.
3. Présentez l'état des comptes 411, 416, 491 au 31-12-N dans la balance après inventaire.

Corrigé

1. Tableau d'analyse des créances douteuses

Créances	TTC après règlt	HT	Dép. existan.	Créa. irrécouvrables		Dép. nécess.	Dotations	Reprises	Nouveau cl. douteux
				Perte HT	TVA				
ROMAIN	69 368	58 000	14 500	–	–	23 200	8 700		–
CELTE	50 232	42 000	–	–	–	–	8 400		50 232
FRANC	28 704	24 000	5 800	24 000	4 704	0		5 800	–
GAULOIS	76 544	64 000	14 200	–	–	12 800		1 400	–
CLOVIS	38 272	32 000	–	32 000	6 272	–	–	–	–
Total				56 000	10 976		17 100	7 200	50 232

2. Écritures d'état des comptes

	31-12-*N*		
681	Dotations aux dépréciations	17 100	
491	Dépréciations des comptes clients		17 100
	d°		
491	Dépréciations des comptes clients	7 200	
781	Reprises sur dépréciations		7 200
	d°		
654	Perte sur créances irrécouvrables	56 000	
44551	État, TVA à décaisser	10 976	
416	Clients douteux		28 704
411	Clients		38 272
	d°		
416	Clients douteux	50 232	
411	Clients		50 232

5 Provisions pour risques et charges

L'entreprise DUFOUR, à l'inventaire au 31 décembre *N*, constate que les faits suivants n'ont pas été comptabilisés :

1. La réparation de la toiture d'un atelier doit être effectuée l'année prochaine. Le devis s'élève à 28 000 € et est à répartir sur deux exercices. Ce genre de réparation arrive de manière très exceptionnelle.

2. L'entreprise est en litige avec un client. Les frais de procès sont de 2 000 €.

3. L'entreprise estime que les sommes à payer au fisc en $N + 1$ s'élèveront à 4 000 €.

4. Les engagements de l'entreprise vis-à-vis de ses clients au titre de la garantie consentie sur ses produits s'élèveront probablement pour l'année à venir à 60 000 €.

5. En ce qui concerne l'année *N*, ces frais liés à la garantie se sont élevés à 40 000 €. L'entreprise, en $N - 1$, avait anticipé la prise en compte de cette charge pour l'entreprise à concurrence de 30 000 €.

L'entreprise n'a pas opté pour l'acquisition des immobilisations par composants.
***Passez les écritures de régularisation, au journal de l'entreprise DUFOUR, au 31 décembre* N.**

Corrigé

Écritures au journal

	31-12-*N*		
681	Dotations aux provisions	14 000	
1572	Provisions pour grosses réparations		14 000
	(1)		
	d°		
687	Dotations aux provisions	2 000	
151	Provisions pour risques		2 000
	(2)		
	d°		
687	Dotations aux provisions	4 000	
151	Provisions pour risques		4 000
	(3)		
	d°		
681	Dotations aux provisions	60 000	
151	Provisions pour risques		60 000
	(4)		
	d°		
151	Provisions pour risques	30 000	
781	Reprises sur provisions		30 000
	(5)		

6 PROVISIONS POUR RISQUES ET CHARGES

L'entreprise LEDUC envisage le ravalement de ses bureaux. Le 31 décembre *N*, elle constitue une provision pour de gros travaux à effectuer en *N* + 2 pour un montant approximatif de 60 000 €. L'entreprise décide d'étaler la charge future sur les exercices antérieurs à raison d'une provision annuelle de 30 000 €.

Immobilisations non comptabilisées par composants.
Le 3 mars *N* + 2, la facture définitive s'élève à 65 000 €.
TVA au taux normal.

1. Enregistrez les écritures de constitution de provisions.
2. Enregistrez la facture définitive au 3 mars* N + *2.
3. Enregistrez la reprise sur provision.

L'entreprise LEDUC, au 31 décembre *N*, pense subir un redressement fiscal d'environ 6 000 € au cours de l'exercice *N* + 1.

Le 25 septembre *N* + 1, après redressement fiscal, la somme due à l'État s'élève finalement à 6 500 €.

1. Enregistrez la provision et le redressement fiscal et la reprise sur provision.

Corrigé

	31-12-*N*		
681	Dotations aux provisions	30 000	
1572	Provisions pour grosses réparations		30 000
	Même écriture au 31-12-N + 1		
	03-03-*N* + 2		
615	Entretien et réparations	65 000	
44566	État, TVA déductible	12 740	
401	Fournisseurs		77 740
	31-12-*N* + 2		
1572	Provisions pour grosses réparations	60 000	
781	Reprises sur provisions		60 000

	31-12-*N*		
687	Dotations aux provisions	6 000	
151	Provisions pour risques		6 000
	25-09-*N* + 1		
6712	Pénalités et amendes fiscales	6 500	
44	État		6 500
	31-12-*N* + 1		
151	Provisions pour risques	6 000	
787	Reprises sur provisions		6 000

8 Synthèse sur les provisions

Soit le tableau des provisions, au 31 décembre *N*, de l'entreprise MASSELIN :

Rubriques / Situations et mouvements	A Montant des prov. et dépré. comptabilisées	B Dotations de l'exercice	C Reprises de l'exercice	D Montant des prov. et dépré. comptabilisées
Provisions réglementées				
– amortissement dérogatoire	6 000	–	1 000	5 000
Prov. pour risques et charges				
– litiges	0	46 000	–	46 000
Dépréciations sur				
– stocks	4 200	8 000	4 200	8 000
– clients	52 200	3 400	37 200	18 400
– val. mob. placement	6 200	–	2 600	3 600
Total	68 600	57 400	45 000	81 000

Reconstituez les écritures de régularisation passées, au 31 décembre* N*, au journal de l'entreprise.

Corrigé

Écritures de régularisation

	31-12-*N*		
145	Amortissements dérogatoires	1 000,00	
787	Reprises sur provisions		1 000,00
	d°		
681	Dotations aux provisions		46 000,00
15	Provisions pour risques et charges		46 000,00
	d°		
39	Dépréciation des stocks	4 200,00	
781	Reprises sur dépréciations		4 200,00
	d°		
681	Dotations aux dépréciations		8 000,00
39	Dépréciation des stocks		8 000,00
	d°		
681	Dotations aux dépréciations		3 400,00
491	Dépréciations des comptes clients		3 400,00
	d°		
491	Dépréciation des comptes clients	37 200,00	
781	Reprises sur dépréciations		37 200,00
	d°		
590	Dépréciation des VMP	2 600,00	
786	RAP		2 600,00

9 SYNTHÈSE SUR AMORTISSEMENT, CESSION DE TITRES, PROVISIONS

L'expert-comptable de l'entreprise AGEN vous demande de préparer certaines opérations d'inventaire au 31-12-*N* :

– Il vous remet l'état des valeurs mobilières de placement (*cf.* annexe).

– À la suite du licenciement d'un salarié, l'entreprise a été assignée devant le conseil des prud'hommes le 15-12-*N*– 1, le salarié réclamait la somme de 30 000 €. Au 31-12-*N* – 1, l'avocat estimait à 12 700 € le risque probable. Une provision de ce montant a donc été constituée. Le 5 septembre *N* le tribunal nous condamne à 15 000 € de dommages et intérêts qui ont été débités au compte de charge concerné. Aucune régularisation n'a été faite.

– Après un contrôle fiscal, l'inspecteur des impôts nous adresse le 22-12-*N* un redressement de 80 000 € qui, pour l'instant, n'a donné lieu à aucun enregistrement comptable. Par l'intermédiaire de notre avocat nous avons contesté ce redressement. Il nous conseille de prévoir, néanmoins, un redressement probable définitif de 65 000 €.

– La machine-outil achetée le 01-12-*N* sera amortie dégressivement – durée 5 ans. Amortissement fiscal autorisé – Amortissement économique : amortissement linéaire.

Annexe. Valeurs mobilières de placement

Titres	Nombre	Prix unitaire d'achat	Cours au 31-12-*N* – 1	Dépréciation globale *N* – 1	Cours au 31-12-*N*	Dépréciation globale nécessaire 31-12-*N*	Dotation *N*	Reprise *N*
A	1 000	520	450		481			
B	200	800	805		810			
C	5 140	230	240		180			
D	3 000	110	120		125			

*1. Établissez le tableau d'amortissement fiscal de la machine-outil achetée le 01-12-*N*, dont la valeur s'élève à un montant de 92 000 € HT + 1 000 € HT de frais de livraison et d'installation. Calculez l'amortissement dérogatoire.*
2. Complétez l'annexe relative aux valeurs mobilières de placement.
3. Indiquez quels sont les enregistrements nécessaires concernant les provisions pour risques et charges.
*4. Présentez les écritures correspondant aux informations ci-dessus à la date du 31-12-*N*.*

Corrigé

1. Tableau d'amortissement fiscal de la machine-outil

Amortissement du matériel et outillage					Mois Amortissement : 1
Système dégressif		Durée : 5			Coefficient : 1,75
Tx Cstt	**Tx Dég**	**Années**	**Base calcul**	**Annuités**	**VNC**
0,2	0,35	*N*	93 000	2 713	90 288
0,25	0,35	*N* + 1	90 288	31 601	56 687
0,33	0,35	*N* + 2	58 687	20 540	38 146
0,5	0,35	*N* + 3	38 146	19 073	19 073
1	0,35	*N* + 4	19 073	19 073	0

Prorata temporis d'un mois pour *N*.

Calcul de l'amortissement dérogatoire pour *N* :

Amortissement fiscal = 2 173

Amortissement économique = – 1 550 $(9300 \times 0{,}20 \times \frac{1}{12})$

Amortissement dérogatoire = 1 163

2. Annexe relative aux VMP

Titres	Nombre	Prix unitaire d'achat	Cours au 31-12-$N-1$	Dépr. globale $N-1$	Cours au 31-12-N	Dépr. globale nécessaire 31-12-N	Dotation N	Reprise N
A	1 000	520	450	70 000 [a]	481	39 000 [b]		31 000 [c]
B	200	800	805	–	810	–	–	–
C	5 140	230	240	–	180	257 000 [d]	257 000	–
D	3 000	110	120	–	125	–	–	–

(a) (520 − 450) × 1 000 (b) (520 − 481) × 1 000 (c) 70 000 − 39 000 (d) (230 − 180) × 5 140

3. Analyse des provisions pour risques et charges et écritures

Comptes	Libellés	Débit	Crédit
	31-12-*N*		
590	Dépréciation des actions	31 000	
78665	Reprises dépréc. VMP		31 000
	Selon tableau, pour les titres A		
	d°		
68665	Dotations pour dépréciations VMP	257 000	
590	Dépréciation des actions		257 000
	Selon tableau, pour les titres C		
	d°		
1511	Provisions pour litiges	12 700	
781	Reprises sur provision pour risques et charges d'exploitation		12 700
	Dépréciation concernant le licenciement		

Comptes	Libellés	Débit	Crédit
	d°		
687	Dotations à la provision pour risques et charges exceptionnels	65 000	
1514	Provisions pour pénalités		65 000
	Dépréciation concernant le redressement		
	d°		
6811	Dotations aux amortissements	1 550	
28154	Amortissements du matériel industriel		1 550
	d°		
687	Dotations aux provisions réglementées	1163	
145	Amortissements dérogatoires		1163

Entraînement

11 Les ajustements des comptes de gestion et de bilan

1 Charges à payer

L'entreprise LECHAT a reçu le 29 décembre *N* des marchandises commandées en décembre. La facture n'est pas encore parvenue, mais le montant de la commande peut être estimé de façon certaine à une valeur de 7 500 € HT.

Le 10 janvier *N* + 1, la facture s'élève à un montant de 7 600 € HT. TVA à 19,60 %.

1. ***Enregistrez l'écriture de charges à payer au 31 décembre* N.**
2. ***Enregistrez l'écriture de contre-passation au 1er janvier* N + *1.***
3. ***Enregistrez la facture au 12 janvier* N + *1.***

L'entreprise LECHIEN accorde habituellement une ristourne de 1 % sur les ventes de marchandises de l'année à son client LECHAT. Sur l'exercice *N*, le montant des ventes est de 60 000 € HT. Au 31 décembre *N*, la facture d'avoir de cette ristourne n'est pas encore établie.

Le 8 janvier *N* + 1, la facture d'avoir est établie. TVA à 19,60 %.

1. ***Enregistrez l'écriture de charges à payer au 31 décembre* N.**
2. ***Enregistrez l'écriture de contre-passation au 1er janvier* N + *1.***
3. ***Enregistrez la facture au 8 janvier* N + *1.***

Corrigé

L'entreprise LECHAT

	31-12-*N*		
607	Achats de marchandises	7 500,00	
44586	État, TVA sur factures non parvenues	1 470,00	
4081	Fournisseurs - Factures non parvenues		8 970,00
	01-01-*N* + 1		
4081	Fournisseurs – Factures non parvenues	8 970,00	
607	Achats de marchandises		7 500,00
44586	État, TVA sur factures non parvenues		1 470,00
	12-01-*N* + 1		
607	Achats de marchandises	7 600,00	
44566	État, TVA déductible	1 489,60	
401	Fournisseurs		9 089,60

L'entreprise LECHIEN

	31-12-*N*		
7097	RRR accordés sur ventes	600	
44587	État, TVA sur factures à établir	117,60	
4198	RRR à accorder		717,60

	01-01-*N* + 1		
4198	RRR à accorder	717,60	
7097	RRR accordés sur ventes		600
44587	État, TVA sur factures à établir		117,60
	08-01-*N* + 1		
7097	RRR accordés sur ventes	600	
44571	État, TVA collectée	117,60	
411	Clients		717,60

2 Produits à recevoir

L'entreprise LION a livré un lot de marchandises de 8 000 € HT à un client, mais n'a pas encore établi la facture au 31 décembre *N*. La facture est établie le 4 janvier *N* + 1.

***1. Enregistrez l'écriture de produits à recevoir au 31 décembre* N.**
2. Enregistrez l'écriture de contre-passation au1er janvier* N + *1.
3. Enregistrez la facture au 4 janvier* N + *1.

L'entreprise GINO a acheté des marchandises pour un montant de 16 000 € HT. Le fournisseur a promis un rabais de 2 %. Au 31 décembre *N*, l'entreprise GINO n'a pas encore reçu la facture d'avoir.

Le 7 janvier *N* + 1, l'entreprise reçoit la facture d'avoir.

***Enregistrez l'écriture de charges à payer au 31 décembre* N.**

La TVA est au taux normal.

Corrigé

L'entreprise LION

	31-12-*N*		
4181	Clients – Factures à établir	9 568,00	
707	Ventes de marchandises		8 000,00
44571	État, TVA collectée		1 568,00
	01-01-*N* + 1		
707	Ventes de marchandises	8 000,00	
44571	État, TVA collectée	1 568,00	
4181	Clients – Factures à établir		9 568,00
	04-01-*N* + 1		
411	Clients	9 568,00	
707	Ventes de marchandises		8 000,00
44571	État, TVA collectée		1 568,00

Entraînement

L'entreprise GINO

	31-12-*N*		
4098	Fournisseurs - RRR à obtenir	382,72	
609	RRR obtenus		320,00
44586	État, TVA sur factures non parvenues		62,72
	01-01-*N* + 1		
609	RRR obtenus	320,00	
44586	État, TVA sur factures non parvenues	62,72	
4098	Fournisseurs – RRR à obtenir		382,72
	07-01-*N* + 1		
401	Fournisseurs	382,72	
609	RRR obtenus		320,00
44566	État, TVA déductible		62,72

3 CHARGES CONSTATÉES D'AVANCE

L'entreprise LEMON a payé le 1er novembre *N* une prime d'assurance pour un an, d'un montant de 840 €.

1. ***Enregistrez l'écriture de régularisation au 31 décembre*** **N.**
2. ***Enregistrez l'écriture de contre-passation au 1er janvier*** **N** ***+ 1.***

Le 28 décembre N, l'entreprise GREG a comptabilisé une facture relative à l'achat de marchandises non reçues au 31 décembre *N*, pour un montant de 480 € HT.

1. ***Enregistrez l'écriture de régularisation au 31 décembre*** **N.**
2. ***Enregistrez l'écriture de contre-passation au 1er janvier*** **N** ***+ 1.***
3. ***Pourquoi ne régularise-t-on pas la TVA sur les achats de marchandises constatés d'avance au 31 décembre*** **N *?***

Corrigé

L'entreprise LEMON

	31-12-*N*		
486	Charges constatées d'avance	700,00	
616	Primes d'assurance *(840 × 10/12)*		700,00
	01-01-*N* + 1		
616	Primes d'assurance	700,00	
486	Charges constatées d'avance		700,00

L'entreprise GREG

	31-12-*N*		
486	Charges constatées d'avance	480,00	
607	Achats de marchandises		480,00
	1-01-*N* + 1		
607	Achats de marchandises	480,00	
486	Charges constatées d'avance		480,00

Lors de la réception de la facture, la déductibilité de la TVA est acquise. Il n'y a pas à régulariser la TVA. Par contre, le fait générateur comptable étant la livraison du bien, il y a lieu de régulariser l'achat constaté.

4 Produits constatés d'avance

L'entreprise LOUIS est propriétaire d'un garage qu'elle loue à l'un de ses salariés. Modalités du contrat : règlement pour 3 mois à partir du 1er décembre *N*. Montant : 210 €, payables d'avance.

1. ***Enregistrez l'écriture de régularisation au 31 décembre* N.**
2. ***Enregistrez l'écriture de contre-passation au 1er janvier* N + *1*.**

Corrigé

L'entreprise LOUIS

	31-12-*N*		
7083	Produits des activités annexes - Locations	140,00	
487	Produits constatés d'avance		140,00
	01-01-*N* + 1		
487	Produits constatés d'avance	140,00	
7083	Produits des activités annexes - Locations		140,00

5 Régularisation des charges et des produits

L'entreprise FLEURIO constate les faits suivants au 31 décembre *N* :

1. Une ristourne de 500 € HT doit être accordée au client SAMARI, la facture d'avoir n'est pas encore établie.

2. Le loyer de l'atelier de peinture du mois de décembre ne sera payé qu'en fin janvier *N* + 1. Montant du loyer : 2 500 €.

3. Une ristourne doit être obtenue auprès du fournisseur TINA pour un montant de 1 000 € HT.

4. L'entreprise a livré au client ALMO des marchandises pour un montant de 10 000 € HT. La facture sera établie au mois de janvier *N* + 1.

5. Des marchandises ont été réceptionnées dans notre entreprise, le 30 décembre *N*, mais la facture n'est pas encore parvenue. Montant estimé : 8 000 € HT.

Le taux de TVA retenu pour les opérations précédentes est 19,60 %.

***Enregistrez les écritures de régularisation au 31 décembre* N.**

Corrigé

Écritures de régularisation

	(1)		
709	RRR accordés	500	
44587	État, TVA sur factures à établir	98	
4198	RRR à accorder		598
	(2)		
613	Locations	2 500	
408	Fournisseurs – Factures non parvenues		2 500
	(3)		
4098	RRR à obtenir	1 196	
609	RRR obtenus		1 000
44586	État, TVA sur factures non parvenues		196
	(4)		
4181	Clients - Factures à établir	11 960	
707	Ventes de marchandises		10 000
44571	État, TVA collectée		1 960
	(5)		
607	Achats de marchandises	8 000	
44586	État, TVA sur factures non parvenues	1 568	
408	Fournisseurs – Factures non parvenues		9 568

6 FRAIS D'ÉMISSION D'EMPRUNT ET FRAIS D'ÉTABLISSEMENT À AMORTIR

L'entreprise BOUCY constate les faits suivants :

– 10 mars *N*. Des travaux de réparations de la toiture ont été réalisés pour un montant de 48 000 € HT. L'entreprise souhaite étaler cette charge sur les 3 exercices suivants.

– 15 mars *N*. L'entreprise a acquis une nouvelle société. Les frais de constitution s'élèvent à 20 000 € HT. Les frais sont répartis sur 4 ans.

– 23 mars *N*. L'entreprise est obligée de faire de gros travaux. Pour les réaliser, elle doit emprunter, et les frais d'émission d'emprunt sont de 5 400 € HT. Elle désire étaler cette charge sur 2 ans.

Les opérations précédentes sont soumises à un taux de TVA de 19,60 %.

***1. Enregistrez les charges du mois de mars* N.**
***2. Enregistrez l'étalement des charges au 31 décembre* N.**

Corrigé

L'entreprise BOUCY

	10-03		
615	Entretien et réparations	48 000	
44566	État, TVA déductible	9 408	
401	Fournisseurs		57 408
	15-03		
201	Frais d'établissement	20 000	
512	Banques		20 000
	23-03		
627	Services bancaires	5 400	
44566	État, TVA déductible	1 058,40	
512	Banques		6 458,40

• Depuis le 1/01/05 les charges comptabilisées en *N* ne peuvent plus être réparties sur les exercices suivants. Les dépenses constatées en *N* doivent être comptabilisées soit en charges, soit dans un compte d'immobilisation, si elles concernent le coût de revient de l'actif.

• Une exception subsiste, les frais d'émission d'emprunt peuvent être répartis sur la durée de l'emprunt.

	31-12		
681	DADP	5 000	
2801	Amortissements des frais d'établissement *20 000/4 = 5 000*		5 000
	31-12		
481	Charges à répartir sur plusieurs exercices	5 400	
791	Transfert de charges		5 400
	d°		
681	Dotations aux amortissements des charges à répartir	2 700	
4816	Charges à répartir. Frais d'émission des emprunts *(5 400/2 = 2 700)*		2 700

Entraînement

7 RÉGULARISATION DES CHARGES ET DES PRODUITS

Au 31 décembre *N*, l'entreprise GOLIPA vous communique les renseignements suivants :

1. Les établissements PIFA ont promis une ristourne d'un montant de 900 € HT. La facture d'avoir n'a pas été établie.

2. Un prêt de 100 000 € a été accordé le 1er juillet *N* à la société LAPEUX. Les intérêts au taux de 12 % sont payés annuellement le 1er juillet à terme échu.

3. Des marchandises pour un montant de 150 000 € HT nous ont été facturées, mais les marchandises ne sont pas encore arrivées au 31 décembre *N*.

4. Les loyers annuels versés par un particulier s'élèvent à 1 800 €. Règlement pour 6 mois à partir du 1er octobre *N*.

5. La facture d'électricité du mois de décembre *N* devrait être estimée à 680 € HT.

6. Un rabais de 1 % doit être accordé au client POLIGAL sur le montant des ventes de l'année : 900 000 € HT.

7. Un lot de marchandises a été livré au client FALI pour un montant de 50 000 € HT. La facture n'a pas encore été établie au 31 décembre *N* par l'entreprise GOLIPA.

Sur les opérations précédentes, le taux de TVA retenu est de 19,60 %.

***Enregistrez les écritures de régularisation au 31 décembre* N.**
***Enregistrez les écritures de contre-passation au 1er janvier* N + *1*.**

Corrigé

L'entreprise GOLIPA

	(1)		
4098	Fournisseurs – RRR à obtenir	1 076,40	
609	RRR obtenus		900,00
44586	État, TVA sur factures non parvenues		176,40
	(2)		
661	Charges d'intérêt	6 000,00	
1688	Intérêts courus		6 000,00
	100 000 × 0,12 × 6/12		
	(3)		
486	Charges constatées d'avance	150 000,00	
607	Achats de marchandises		150 000,00
	(4)		
486	Charges constatées d'avance	450,00	
613	Locations		450,00
	(1 800/2) × 3/6		

	(5)		
606	Achats non stockés	680,00	
44586	État, TVA sur factures non parvenues	133,28	
4081	Fournisseurs – Factures non parvenues		813,28
	(6)		
709	RRR accordés	9 000,00	
44587	État, TVA sur factures à établir	1 764,00	
4198	RRR à accorder		10 764,00
	(7)		
4181	Clients – Factures à établir	59 800,00	
707	Ventes de marchandises		50 000,00
44571	État, TVA collectée		9 800,00

Les écritures de contre-passation au 01-01-*N* + 1 reprennent les écritures réciproques des comptes mouvementés précédemment.

8 RÉGULARISATION DES CHARGES ET DES PRODUITS

Le comptable de la société TOUPY constate les faits suivants :

1. La prime d'assurance incendie des ateliers couvrant la période du 1er octobre *N* au 30 septembre *N* + 1 a été réglée le 6 octobre *N* pour un montant de 600 €.
2. La société TOUPY doit accorder un rabais de 2 % sur le montant des ventes qui est de 40 000 € HT. La facture n'a pas encore été établie.
3. La société a réglé de grosses réparations pour un montant de 10 000 € HT. Elle désire étaler cette charge sur 5 ans.
4. Il reste des timbres-poste pour 650 € et des timbres fiscaux pour 1 250 €.
5. Des marchandises ont été livrées au client TOURBILY pour un montant de 70 000 € HT. La facture n'a pas été établie.
6. Des frais d'établissement pour un montant de 15 000 € HT sont à répartir sur 3 ans.
7. Des redevances pour exploitation d'un brevet sont à percevoir pour une valeur de 6 500 €.
8. Les frais d'émission d'emprunt de 6 000 € s'étalent sur 6 ans.

TVA : 19,60 % pour les opérations précédentes.

***Enregistrez les écritures de régularisation au 31 décembre* N.**

Corrigé

L'entreprise TOUPY

	31-12-*N* (1)		
486	Charges constatées d'avance	450	
616	Primes d'assurance		450
	600 × 9/12		
	(2)		
7097	RRR accordés	800	
44587	État, TVA sur factures à établir	156,8	
4198	RRR à accorder		956,8

(3)

L'entreprise ne peut étaler la charge qui reste comptabilisée sur l'exercice *N*.

	(4)		
486	Charges constatées d'avance	1 900	
626	Frais postaux		650
635	Droits d'enregistrement et de timbre		1 250
	(5)		
4181	Clients – Factures à établir	83 720	
707	Ventes de marchandises		70 000
44571	État, TVA collectée		13 720
	(6)		
681	DAP	5 000	
2801	Amortissement des frais d'établissement		5 000
	15 000/3		
	(7)		
468	Débiteurs divers – Produits à recevoir	6 500	
751	Redevances pour concessions, brevets		6 500
	(8)		
481	Charges à répartir	6 000	
791	Transfert de charges		6 000
	d°		
681	DAP	1 000	
481	Charges à répartir		1 000
	(6 000/6)		

9 LES STOCKS

À l'ouverture des comptes de l'entreprise LARCHER pour l'exercice *N*, on constate les stocks suivants :

Stock de matières premières	154 200
Stock de produits finis	289 300
Stock d'en-cours	19 800
Stock de marchandises	121 900

L'inventaire extra-comptable du 31 décembre *N* a permis l'évaluation des stocks de fin d'exercice.

Stock de matières premières	124 700
Stock de produits finis	329 200
Stock d'en-cours	15 250
Stock de marchandises	132 920

La consultation du grand livre indique la situation des comptes suivants :

	Débit	Crédit
Achats de matières premières	954 000	55 900
Achats de marchandises	827 000	89 200
Ventes de produits finis	13 200	2 527 200
Ventes de marchandises	5 800	1 629 100

1. Passez au journal les écritures relatives aux stocks.
2. Calculez le solde des comptes d'achats et ventes en précisant leur nature.
3. Présentez les postes du compte de résultat relatifs aux achats, ventes et stocks.
4. Calculez, pour l'exercice N, la consommation de matières premières pour l'exercice N, et le coût d'achat des marchandises vendues.

Corrigé

1. Écritures relatives aux stocks : annulation des stocks initiaux et constatation des stocks finals

	31-12-*N*		
6031	Variation de stocks de matières premières	154 200	
7133	Variation de stocks en-cours	19 800	
7135	Variation de stocks de produits finis	289 300	
6037	Variation de stocks de marchandises	121 900	
31.	Stock de matières premières		154 200
33.	Stock d'en-cours		19 800

35.	Stock de produits finis		289 300
37.	Stock de marchandises		121 900
	Annulation des stocks initiaux		
	31-12-*N*		
31.	Stock de matières premières	124 700	
33.	Stock d'en-cours	15 250	
35.	Stock de produits finis	329 200	
37.	Stock de marchandises	132 920	
6031	Variation de stocks de matières premières		124 700
7133	Variation de stocks d'en-cours		15 250
7135	Variation de stocks de produits finis		329 200
6037	Variation de stocks de marchandises		132 920
	Constatation des stocks finals		

2. Détermination des soldes des comptes

Achats matières premières	=	898 100	(Solde débiteur)
Achats marchandises	=	737 800	(Solde débiteur)
Ventes marchandises	=	1 623 300	(Solde créditeur)
Ventes produits finis	=	2 514 000	(Solde créditeur)

3. Présentation des postes achats-ventes et variation de stocks

Calcul des soldes des comptes Variation de stocks à partir des écritures du 1 :

– de matières premières

6031	
154 200	
	124 700

SD = 29 500

– de marchandises

6037	
121 900	
	132 920

SC = 11 020

– d'en-cours

7133	
19 800	
	15 250

SD = 4 550

– de produits finis

7135	
289 300	
	329 200

SC = 39 900

Présentation des postes du compte de résultat :

Compte de résultat			
Achat matières premières	898 100	Ventes de marchandises	1 623 300
Variation stocks matières premières	+ 29 500	Production vendue (produits finis)	2 514 000
Achat marchandises	737 800	Production stockée	
Variation stocks marchandises	– 11 020	En-cours	– 4 550
		Produits finis	+ 39 900

4. Calcul de la consommation de matières premières

La consommation de matières premières = Achats nets ± Variation de stocks
= 898 100 + 29 500
= 927 600

Calcul du coût d'achat des marchandises vendues :

Le coût d'achat des marchandises vendues = Achats nets ± Variation stocks marchandises
= 737 800 – 11 020 = 726 780

Entraînement

12 L'acquisition des immobilisations

1 Acquisition des immobilisations

L'entreprise QUIRI fait l'acquisition d'un fonds de commerce, qu'un magasin spécialisé dans la distribution de tissu cède le 15 juin *N*.

L'acquisition porte sur les éléments suivants :

- fonds commercial 30 000 € ;
- installations, agencements 8 000 € ;
- stocks de tissus 10 000 € ;
- frais d'acte 4 000 € ;
- droits d'enregistrement 1 800 €

Le taux de TVA applicable est le taux normal.

Enregistrez cette acquisition au journal de QUIRI.

Corrigé

L'entreprise QUIRI

207	Fonds commercial	30 000,00	
2181	Installations générales, agencements	8 000,00	
607	Achat de tissus	10 000,00	
6227	Frais d'actes et de contentieux	4 000,00	
6354	Droits d'enregistrement et de timbre	1 800,00	
44562	État, TVA sur immobilisations	1 568,00	
44566	État, TVA déductible sur ABS	1 960,00	
512	Banques		57 328,00

2 Acquisition des immobilisations

L'entreprise LEFORT achète un terrain pour y construire un entrepôt.

L'entreprise, le 18 mars *N*, engage les dépenses suivantes :

- prix d'achat du terrain : 160 000 € (exemption de TVA) ;
- frais d'acte : 7 000 € ;
- droits d'enregistrement : 17 000 € ;
- mise en état du terrain (terrassement) : 12 500 € HT ;
- installation d'une clôture : 84 000 € HT ;
- construction d'un entrepôt : 178 000 € HT ;

TVA au taux normal.

Enregistrez les opérations au journal de LEFORT.

Corrigé

L'entreprise LEFORT

	18-03		
211	Terrains	160 000,00	
6227	Frais d'actes et de contentieux	7 000,00	
6354	Droits d'enregistrement et de timbre	17 000,00	
512	Banques		184 000,00
	d°		
212	Agencements et aménagements des terrains *(84 000 + 12 500)*	96 500,00	
44562	État, TVA sur immobilisations	18 914,00	
512	Banques		115 414,00
	d°		
213	Constructions	178 000,00	
44562	État, TVA sur immobilisations	34 888,00	
512	Banques		212 888,00

3 Acquisition par composants

Le 1er mars *N*, la société GONTIER fait l'acquisition d'une machine-outil avec les caractéristiques suivantes :

- prix d'achat : 50 000 € HT ;
- durée d'utilisation probable : 10 ans.

Cette machine est équipée d'un système de guidage qui doit être renouvelé tous les 5 ans. La valeur, incluse dans le prix total de la machine, est égal à 10 000 €.

En quoi les éléments de cette immobilisation sont-ils dissociables ?
Comptabilisez l'acquisition de la machine outil.

Corrigé

La machine et son appareillage sont dissociables. L'appareillage constitue un élément qui doit être renouvelé.

Les deux éléments sont comptabilisés séparément dès l'origine et seront amortis sur 10 ans pour la machine et sur 5 ans pour le système lié.

L'enregistrement de l'acquisition est le suivant :

	31/12/*N*		
21541	Matériel industriel – machine outil	40 000	
21542	Matériel industriel – système guidage	10 000	
44562	État, TVA déductible sur immobilisations	9 800	
404	Fournisseurs d'immobilisations		59 800
	Acquisition de la machine outil		

4 Acquisition d'immobilisations

L'entreprise LANFRY a acheté, le 10 mai *N*, un matériel de bureau (calculatrice) au prix de 412,62 € TTC. Cette acquisition a été enregistrée au compte « 2183 Matériel de bureau et matériel informatique » pour son montant hors taxes. La TVA à 19,60 % a été comptabilisée normalement.

Corrigez l'erreur d'enregistrement au journal de LANFRY.

Corrigé

L'entreprise LANFRY

		10-05		
6064		Fournitures administratives	345,00	
2183		Matériel de bureau		345,00

5 Avances sur acquisition d'immobilisations

L'entreprise EUROCAR, spécialisée dans la location de véhicules utilitaires, décide du renouvellement progressif de son parc de véhicules.

Le 1er juin, elle commande trois utilitaires Renault livrables le 6 juillet. Elle verse à la commande une avance de 10 000 €

Le 10 juin, elle commande un véhicule Berliet d'un montant de 60 000 € HT. Elle règle une avance égale à 20 % du montant.

Le 6 juillet, l'entreprise reçoit la livraison des trois véhicules commandés le 1er juin. La facture totale montre un net à payer de 91 660 €.

Le 20 juillet, l'entreprise face à un retard important dans la livraison du Berliet est obligée d'annuler la commande. Elle récupère 90 % de l'avance versée.

Les opérations précédentes sont soumises à une TVA à taux normal. Les règlements sont effectués par chèque bancaire.

Enregistrez au journal d'EUROCAR les opérations précédentes.

Corrigé

L'entreprise EUROCAR

	01-06		
238	Avances et acomptes versés sur commandes d'immobilisations	10 000,00	
512	Banques		10 000,00
	Renault		
	10-06		
238	Avances et acomptes versés sur commandes d'immobilisations	14 352,00	
512	Banques		14 352,00
	Berliet : 60 000 × 1,196 × 0,2		
	06-07		
2182	Matériel de transport	85 000,00	
44562	État, TVA sur immobilisations	16 660,00	
238	Avances et acomptes versés		10 000,00
404	Fournisseurs d'immobilisations		91 660,00
	20-07		
512	Banques	12 916,80	
671	Charges exceptionnelles sur opérations de gestion	1 435,20	
238	Avances et acomptes versés		14 352,00

6 ACQUISITION DE TITRES

L'entreprise DUPONT, pour reconstituer son portefeuille de titres, réalise les acquisitions suivantes :

le 3 mars	1 000 titres de la société ORLEX à 48 € l'unité. Opération de rachat partiel de la société. Frais 1,5 % du prix d'acquisition soumis à TVA ;
le 10 mars	Acquisition d'une ligne de 50 obligations 12,5 % du crédit foncier, à 91 € l'une. Placement durable.
le 20 mars	Acquisition de 30 actions PEUGEOT à 350 € l'une. Revente prévue sous trois mois. Frais 1,5 % soumis à TVA.

La TVA est à taux normal. Les règlements s'effectuent par chèque bancaire.

Enregistrez au journal de l'entreprise les acquisitions précédentes.

Entraînement

Corrigé

L'entreprise DUPONT

	03-03		
261	Titres de participation *(1 000 × 48)*	48 000,00	
627	Services bancaires	720,00	
44566	État, TVA déductible	141,12	
512	Banques		48 861,12
	10-03		
2721	Titres immobilisés – Obligations	4 550,00	
512	Banques		4 550,00
	(91 × 50)		
	20-03		
503	Actions *(30 × 350 €)*	10 500,00	
627	Services bancaires	157,50	
44566	État, TVA déductible	30,87	
512	Banques		10 688,37

7 Prêts – Dépôts et cautionnements

L'entreprise DUCLOS réalise les opérations suivantes, au cours du mois d'octobre *N* :

le 1er octobre L'entreprise adresse un chèque de caution d'un montant de 12 000 € à une agence immobilière, lors de la confirmation de la location de bureaux ;

le 3 octobre Versement à l'EDF d'un dépôt de 800 € pour l'ouverture d'un compteur triphasé ;

le 10 octobre L'entreprise verse, à l'un de ses salariés, 50 000 € à titre de prêt personnel. Remboursement du prêt selon les conditions suivantes : durée 5 ans : amortissement constant ; taux 10 % ; premier remboursement : 1er novembre *N* + 1.

Les règlements sont effectués par chèque bancaire.

*1. **Enregistrez les opérations précédentes au journal de DUCLOS.***
*2. **Présentez le tableau de l'emprunt contracté.***

Corrigé

1. Enregistrement des opérations au journal

	01-10		
275	Dépôts et cautionnements	12 000,00	
512	Banques		12 000,00
	03-10		
275	Dépôts et cautionnements	800,00	
512	Banques		800,00
	10-10		
274	Prêts	50 000,00	
512	Banques		50 000,00

2. Tableau d'emprunt

Date	Capital restant dû	Amortissement	Intérêt	Annuité
1-10-*N* + 1	50 000	10 000	5 000	15 000
1-10-*N* + 2	40 000	10 000	4 000	14 000
1-10-*N* + 3	30 000	10 000	3 000	13 000
1-10-*N* + 4	20 000	10 000	2 000	12 000
1-10-*N* + 5	10 000	10 000	1 000	11 000

8 LIVRAISONS À SOI-MÊME

L'entreprise LEDUC a terminé le montage d'une machine-outil spécifiquement adaptée à la réalisation d'une pièce clé de son système de fonderie. Le 10 novembre *N*, le coût de revient de cette machine est évaluée à 64 000 €.

Enregistrez cette opération au journal de LEDUC (TVA à taux normal).

Corrigé

L'entreprise LEDUC

	01-10		
2154	Matériel et outillage industriel	64 000,00	
44562	État, TVA sur immobilisations	12 544,00	
72	Production immobilisée		64 000,00
44571	État, TVA collectée		12 544,00

Entraînement

9 Livraisons à soi-même

L'entreprise LANCLOS, le 12 mai *N*, reçoit la facture du fournisseur LAUTER relative à l'acquisition d'une fraiseuse.

Montant brut : 60 000 € HT. TVA à 19,60 %. Le règlement est effectué par traite acceptée à 60 jours fin de mois. Une avance de 12 000 € avait été versée le 10 février *N*.

Depuis février, l'entreprise a engagé l'aménagement de l'atelier pour recevoir, en mai, la fraiseuse. Le coût des matières nécessaires à cet aménagement, et le temps passé par deux ouvriers qualifiés de l'entreprise, sont évalués à 5 000 €.

Enregistrez l'acquisition et la livraison à soi-même au journal de l'entreprise LANCLOS.

Corrigé

L'entreprise LANCLOS

	10-02		
238	Avances et acomptes versés	12 000	
512	Banques		12 000
	12-05		
2154	Matériel et outillage industriel	60 000	
44562	État, TVA sur immobilisations	11 760	
238	Avances et acomptes versés		12 000
405	Fournisseurs d'immobilisations		
	Effets à payer		59 760
	12-05		
215	Installations techniques	5 000	
44562	État, TVA sur immobilisations	980	
72	Production immobilisée		5 000
44571	État, TVA collectée		980

10 ACQUISITION D'IMMOBILISATIONS - SPÉCIFICITÉS

L'entreprise LESUEUR réalise les opérations suivantes :

1. Achat d'un terrain. Prix d'achat : 200 000 €. Droits d'enregistrement : 24 000 €. Acte notarié : 10 000 € HT.
2. Installation d'une clôture d'une valeur de 60 000 € HT.
3. Construction de bâtiments pour un montant de 500 000 € HT. Les frais d'architecte s'élèvent à 52 000 € HT.
4. Taxe d'équipement de 15 000 €.

Enregistrez au journal de LESUEUR les opérations précédentes (TVA normale).

Corrigé

Journal de LESUEUR

	1		
211	Terrains	200 000	
622	Rémunérations d'intermédiaires et honoraires*	10 000	
63	Impôts, taxes et versements assimilés*	24 000	
44562	État, TVA sur immobilisations	1 960	
404	Fournisseurs d'immobilisations		235 960
	2		
212	Agencements et aménagements de terrains**	60 000	
44562	État, TVA sur immobilisations	11 760	
404	Fournisseurs d'immobilisations		71 760
	3		
213	Constructions	552 000	
44562	État, TVA sur immobilisations	108 192	
404	Fournisseurs d'immobilisations		660 192
	(500 000 + 52 000)		
	Prix d'achat + Frais d'acquisition		
	4		
213	Constructions	15 000	
447	Autres impôts, taxes et versements assimilés		15 000
	Taxe d'équipement		

* Les droits d'enregistrement et les honoraires ne font pas partie du coût d'acquisition, et donc ne sont pas comptabilisés dans les comptes d'immobilisations.

** Les agencements de terrains ne font pas partie du coût d'acquisition des terrains.

Entraînement

13 Les cessions d'immobilisations et de VMP

1 Cession d'immobilisations corporelles

L'entreprise LEDRU a été créée le 1er juin $N-7$.

L'exercice comptable coïncide avec l'année civile.

Il vous est demandé de reconstituer les enregistrements comptables relatifs à la cession de matériel industriel intervenue au cours de l'exercice *N*.

À cet effet, vous disposez du tableau des immobilisations, du tableau des amortissements et d'informations complémentaires. (*cf.* annexes).

Cette opération a eu lieu le 1er juillet *N* :

– la dotation complémentaire a été pratiquée à cette date (amortissement linéaire sur 8 ans) ;

– le taux de TVA relatif à l'opération est ordinaire ;

– la transaction s'est effectuée à crédit.

***Reconstituez toutes les écritures relatives à la cession de matériel industriel passées au journal le 1er juillet* N.**

Annexe 1. Tableau des immobilisations

en K€ — Situations et mouvements / Rubriques	A Valeur brute à la fin *N* – 1 de l'exercice	B Augmentations en *N*	C Diminutions en *N*	D Valeur brute à la clôture de l'exercice *N*
Immobilisations incorporelles	40	270	–	310
Immobilisations corporelles				
– constructions	38 500	–	–	38 500
– installations techniques,				
– matériels et outils indust.	91 600	6 800	4 400	94 000
– autres immobil. corporelles	1 800	5 200	–	7 000
Immobilisations financières	15 360	7 380	40	22 700
Total	147 300	19 650	4 400	162 510

Annexe 2. Solde intermédiaire de gestion

Produits de cessions d'éléments d'actif	100	Valeur comptable des éléments cédés	1 400	Résultat sur cessions d'éléments d'actif immobilisés	– 1300

Annexe 3. Tableau des amortissements

en K€ — Rubriques / Situations et mouvements	A Montant des amortissements cumulés à la fin de l'exercice *N* – 1	B Dotations de l'exercice *N*	C Diminution d'amortissement de l'exercice *N*	D Montant des amort. cumulés à la clôture de l'exercice *N*
Immobilisations incorporelles	–	10	–	10
Immobilisations corporelles				
– constructions	12 900	1 600	–	14 500
– installations techniques,				
– matériels et outils indust.	51 100	6 900	3 000	55 000
– autres immobil. corporelles	1 400	1 000	–	2 400
Immobilisations financières				
Total	65 400	9 510	3 000	71 910

Corrigé

Écritures relatives à la cession, le 1er juillet

Selon l'annexe 1, la valeur d'origine du matériel cédé s'élève à 4 400 K€.

Selon l'annexe 3, les amortissements s'élèvent à 3 000 K€ dont 275 K€ pour l'exercice *N* (4 400 × 0,125 × 0,5 = 275 K€), linéaire sur 8 ans, avec prorata temporis de 6 mois en *N*).

La valeur comptable du matériel cédé est donc de : 4 400 – 3 000 = 1 400 K€

Le prix de cession est de 100 K€, soit une moins-value de 1 300 K€ (*cf.* annexe le dernier SIG).

	01-07-*N*		
6811	Dotations aux amortissements sur immobilisations	275 000,00	
28154	Amortissements du matériel indust.		275 000,00
	Dotation complémentaire de N		
	01-07-*N*		
462	Créances sur cession d'immobilisations	119 600,00	
775	Produits des cessions d'éléments d'actif		100 000,00
44571	État, TVA collectée		19 600,00
	Cession à crédit		

	01-07-*N*		
675	Valeurs comptables des éléments d'actifs cédés	1 400 000,00	
28154	Amortissements du matériel industriel	3 000 000,00	
2154	Matériel industriel		4 400 000,00
	Sortie d'actif du matériel (l'énoncé ne précise pas la date de cette écriture 01/07 ou 31/12)		

2 Cession d'immobilisations corporelles

Les livres d'inventaire de l'entreprise SAUVAGE au 31 décembre *N* présentent les éléments suivants, pour les matériels de transport :

- un camion VOLVO a été acheté d'occasion le 1er octobre *N* − 3 pour un montant de 40 000 € ;
- une fourgonnette PEUGEOT d'une valeur de 28 000 € HT a été acheté le 1er avril *N* en échange d'un véhicule utilitaire FIAT acquis le 1er juillet *N* − 4 dont la valeur comptable nette était de 3 000 €, compte tenu de la dotation *N*, mais qui n'est pas encore comptabilisée.

Lors de l'échange, l'écriture suivante a été enregistrée :

	01-04-*N*		
2182	Matériel de transport	25 000	
512	Banques		25 000
	Échanges de véhicules		

La durée normale d'utilisation du matériel de transport est de 5 ans.

Le système d'amortissement retenu est le système linéaire.

1. Retrouvez la valeur d'origine du véhicule FIAT.
2. Régularisez la cession du véhicule FIAT.
***3. Passez les écritures de dotations aux amortissements pour l'exercice* N.**

Corrigé

1. Valeur d'origine du véhicule FIAT

Soit X la valeur d'origine, et A l'annuité d'amortissement

$N-4$: $A_1 = X.0{,}20.6/12 = 0{,}1.X$

$N-3$, $N-2$, $N-1$: $A_i = X.0{,}20.3 = 0{,}6.X$

N : $A_5 = X.0{,}20.3/12 = 0{,}05.X$

Somme des amortissements = 0,1X + 0,6X + 0,05X = 0,75X

Valeur comptable nette : 3 000 = X − 0,75X

soit la valeur d'origine $X = \dfrac{3\,000}{0,25} = 12\,000$

2. Régularisation de la cession

	31-12		
2182	Matériel de transport	3 000	
775	Produits des cessions d'éléments d'actif		3 000
	(28 000 − 25 000)		
	d°		
28182	Amortissement du matériel de transport	9 000	
675	Valeur comptable des éléments d'actifs cédés	3 000	
2182	Matériel de transport		12 000
	Disparition de l'élément actif		

3. Dotations aux amortissements pour *N*

	31-12		
681	Dotations aux amortissements	12 800	
28182	Amortissements du matériel de transport		12 800
	Volvo : 40 000 × 0,2 = 8 000		
	Fiat : 12 000 × 0,05 = 600		
	Peugeot : 28 000 × 0,2 × 9/12 = 4 200		

3 CESSION D'IMMOBILISATIONS CORPORELLES

L'entreprise LETORT cesse son activité le 1er octobre *N*.

À l'occasion de cette cessation d'activité, l'entreprise est amenée à céder un véhicule utilitaire, qu'elle avait acquis le 1er juin *N* − 3 au prix de 120 000 € HT. TVA normale.

Le véhicule est amorti selon le système linéaire, sur une durée de vie de 5 ans. Le prix de vente du véhicule s'élève à 20 000 € HT. Le règlement est effectué par chèque postal.

1. Enregistrez la cession du matériel de transport, en tenant compte des problèmes fiscaux de TVA.
2. Calculez le résultat de cession.

Entraînement

Corrigé

1. Enregistrement de la cession des matériels de transport

	01-10		
514	Chèques postaux	23 920,00	
775	Produits des cessions d'éléments d'actif		20 000,00
44571	État, TVA collectée		3 920,00
	Vente		
	d°		
681	Dotations aux amortissements	18 000,00	
2818	Amortissements du matériel de transport		18 000,00
	Dotation complémentaire : 120 000 × 0,2 × 9/12		
	d°		
675	Valeur comptable des éléments d'actif cédés	40 000,00	
2818	Amortissements du matériel de transport	80 000,00	
2182	Matériel de transport		120 000,00
	N − *3 : 120 000 × 0,2 × 7/12 = 14 000*		
	N −2/N − *1 : 120 000 × 0,2 × 2 = 48 000*		
	N *: 18 000*		
	Disparition de l'élément d'actif		
	d°		
675	Valeur comptable des éléments d'actif cédés	4 704,00	
44551	État, TVA à décaisser		4 704,00
	Reversement de TVA : 1/5 × 23 520		

2. Résultat de cession

« 675 » : 40 000	« 775 » : 20 000
+ 4 704	
44 704	

Moins-value de cession : 24 704

4 Cession de titres

Le portefeuille de VMP de la société STP se composait au 31-12-*N* − 1 des titres non cotés suivants :

– 100 actions VAUBAN acquises 405 € l'une ;

– 15 actions COPERNIC acquises 600 € l'une.

Le 2 juin *N*, la société STP a fait l'acquisition de 50 actions ILOG à 401 € l'une.

Le 1er octobre *N*, elle a revendu 40 actions VAUBAN à 670 € l'une, commission de l'intermédiaire : 250 € HT, TVA normale.

Reconstituez au journal l'ensemble des écritures de l'exercice* N *concernant le portefeuille des valeurs mobilières de placement.

Corrigé

Entreprise STP

Acquisition de 50 actions ILOG au prix de 401 € chaque, soit 20 050 € au total

	02-06-*N*		
503	Actions	20 050,00	
512	Banques		20 050,00
	Acquisition 50 actions ILOG		

Cession de 40 actions VAUBAN

Valeur entrée : 40 × 405 =	16 200
Prix de cession : 40 × 670 =	26 800
Produit (plus-value) sur cession =	10 600

	01-01-*N*		
512	Banques	26 800,00	
767	Produits nets s/cessions VMP		10 600,00
503	Actions		16 200,00
	Cession 40 actions VAUBAN		
	d°		
627	Services bancaires	250,00	
44566	État, TVA déductible sur ABS	49,00	
512	Banques		299,00
	Frais sur cession actions VAUBAN		

5 CESSION DE TITRES

L'entreprise ALIPAR cède pour 40 000 € des actions :

– qu'elle avait achetées 28 000 € (1er cas) ;

– qu'elle avait achetées 44 000 € (2e cas).

1. Comptabilisez la cession dans le cadre du 1er cas de figure, en considérant les actions dans un premier temps comme des VMP et dans un deuxième temps comme des titres immobilisés.

2. Comptabilisez la cession dans le cadre du 2e cas, en considérant les actions dans un premier temps comme des VMP et dans un deuxième temps comme des titres immobilisés.

Corrigé

1er cas

Cession 40 000 € }
Achat 28 000 € } Plus-value de cession = 12 000

	1er tps		
512	Banques	40 000	
767	Produits nets sur cessions de VMP		12 000
503	VMP – Actions		28 000
	2e tps		
512	Banques	40 000	
775	Produits des cessions d'éléments d'actif		40 000
	d°		
675	Valeurs comptables des éléments d'actif cédés	28 000	
261	Titres de participation		28 000

2e cas

Cession 40 000 € }
Achat 44 000 € } Moins-value de cession = 4 000

	1er tps		
512	Banques	40 000	
676	Charges nettes sur cessions de VMP	4 000	
503	VMP - Actions		44 000
	2e tps		
512	Banques	40 000	
775	Produits des cessions d'éléments d'actif		40 000
	d°		
675	Valeurs comptables des éléments d'actif cédés	44 000	
261	Titres de participation		44 000

6 CESSION D'IMMOBILISATIONS

La société ALIX a été créée le 1er janvier $N-3$. Elle vous communique les informations suivantes :

Détail des immobilisations de la société

Immobilisations	Valeur Acquisition	Date Acquisition	Mode Amort.	Durée Amort.	Observations
Constructions					
– Bâtiment 1	300 000	01-01-*N* – 3	L	?	
– Bâtiment 2	50 000	01-07-*N*	L	?	
Installations techniques					
– Équipement A	200 000	01-01-*N* – 3	L	10 ans	
– Équipement B	150 000	01-04-*N* – 2	L	10 ans	Cédé le 31-05-*N* Prix de cession HT : 80 000 €*
– Équipement C	280 000	01-07-*N*	L	10 ans	
Matériel de transport					
– Camionnette	10 000	01-01-*N* – 3	L	4 ans	Cédée le 01-10-*N* Prix de cession HT : 2 000 €*
– Voiture tourisme	12 500	01-01-*N* – 2	L	4 ans	
– Fourgonnette	14 000	01-10-*N*	L	4 ans	
Matériel de bureau					
– Micro-ordinateur	12 000	01-01-*N* – 3	D	5 ans	
– Portable	2 400	01-01-*N* – 2	L	5 ans	

L = linéaire *TVA : 19,60 %

Toutes les immobilisations ont été soumises à la TVA à 19,60 %.

Tableau des amortissements au 31-12-*N*

	Amort. cumulés début exercice	Dotations de l'exercice	Diminutions de l'exercice	Amort. cumulés fin exercice
Frais d'établissement		600		600
Constructions	45 000	16 250		61 250
Installations techniques	86 250	40 250	32 500	94 000
Matériel de transport	8 250	5 875	2 625	11 500
Matériel de bureau	9 120	2 255		11 375
Totaux	148 620	65 230	35 125	178 725

1. Retrouvez le taux d'amortissement des constructions.
2. Présentez les calculs et les écritures au journal relatifs au poste Installations techniques pendant l'année N (acquisitions, cessions, amortissements).
3. Présentez le calcul de la dotation aux amortissements du matériel de transport et du matériel de bureau pour l'année N.

Corrigé

1. Déterminer le taux d'amortissement des constructions

À partir de l'annexe, on sait que le bâtiment 1 a une valeur d'acquisition de 300 000 € et qu'il a été acquis à la création, le 1-1-*N* – 3.

Le tableau des amortissements nous renseigne sur le total des amortissements pratiqués, 45 000 €, pour 3 ans. D'où :

$300\,000 \times t \times 3 = 45\,000$

$t = 0{,}05$

$t = 5\,\%$

On vérifie ce taux sur le tableau des amortissements :

$300\,000 \times 0{,}05 + 50\,000 \times 0{,}05 \times 6/12 = 16\,250.$

2. Écritures relatives au poste Installations techniques

• *Acquisitions*

D'après l'annexe, l'équipement acquis en *N* est l'équipement C.

	01-07-*N*		
2154	Matériel industriel	280 000,00	
44562	État, TVA déductible sur immobilisations	54 880,00	
404	Fournisseurs d'immobilisations		334 880,00
	Acquisition matériel C		

• *Cessions*

L'équipement B est cédé le 31-05-*N* (annexe). L'amortissement complémentaire est égal à : $150\,000 \times 0{,}1 \times 5/12 = 6\,250$

Le total des amortissements pratiqués jusqu'à la date de cession est égal à :

N – 2 : $150\,000 \times 0{,}1 \times 9/12$	=	11 250
N – 1 : $150\,000 \times 0{,}1$	=	15 000
N : $150\,000 \times 0{,}1 \times 5/12$	=	6 250
Total		32 500
La valeur d'entrée étant de :		150 000
La valeur comptable nette sera de :		117 500

	31-05-*N*		
6811	Dotations aux amort. sur immobilisations incorporelles et corporelles	6 250,00	
28154	Amortissements du matériel industriel		6 250,00
	Dotation complémentaire sur matériel cédé		
	d°		
675	Valeur comptable des éléments d'actif cédés	117 500,00	
28154	Amortissements du matériel industriel	32 500,00	
2154	Matériel industriel		150 000,00
	Sortie de l'équipement B		

	d°		
462	Créances sur cession d'immobilisations	95 680,00	
775	Produits des cessions d'éléments d'actif		80 000,00
44571	État, TVA collectée		15 680,00
	Cession équipement B		

• *Amortissements*

Équipement A : (200 000 × 0,1) = 20 000

Équipement B : (pratiqué ci-dessus)

Équipement C : 280 000 × 0,1 × 6/12 = 14 000

Total 34 000

	31-12-*N*		
6811	Dotations aux amort. sur immobilisations incorporelles et corporelles	34 000,00	
28154	Amortissement du matériel industriel		34 000,00
	Amortissement des équipements A et C		

• *Contrôle*

Total de la dotation : 34 000 + 6 250 = 40 250

Amortissements cumulés fin *N* : 86 250 + 40 250 − 32 500 = 94 000.

3. Calcul de la dotation relative au matériel de transport et matériel de bureau

• *Matériel de transport*

Camionnette : 10 000 × 1/4 × 9/12 = 1 875 (cédée courant *N*)

Véh. tourisme : 12 500 × 1/4 = 3 125

Fourgonnette : 14 000 × 1/4 × 3/12 = 875 (achetée courant *N*)

Total 5 875

• *Matériel de bureau*

Tableau d'amortissement du micro-ordinateur acquis le 1-1-*N* − 2

Année	VNC début Ex.	Amortissement fiscal	VNC fin Ex.
N − 2	12 000	12 000 × 0,2 × 1,75 = 4 200	7 800
N − 1	7 800	7 800 × 0,35 = 2 730	5 070
N	5 070	5 070 × 0,35 = 1 775	3 295

Amortissement en *N* :

Micro-ordinateur : 2 400

Portable : 480

(2 400 × 0,2)

Total 2 255

Amortissement économique :

12 000 × 0,2 = 2 400

Amortissement dérogatoire – Reprise :

2 400 − 1 775 = 625

E 14 Le crédit-bail – Les subventions

Entraînement

1 Le crédit-bail

L'entreprise LIDIA a contracté un engagement de crédit-bail pour l'utilisation d'un local de bureaux d'une valeur de 200 000 € HT.

Les conditions du contrat stipulent les éléments suivants :

- durée du contrat 10 ans ;
- effet le 1er juin *N* ;
- dépôt de garantie : 10 000 € à la signature ;
- loyer mensuel de 1 500 € HT. TVA 19,60 % ;
- option d'achat en *N* + 10 : 30 000 €

Les règlements sont effectués par chèque bancaire.

Enregistrez sur juin* N*, la conclusion du contrat et le versement de la première redevance dans les comptes de l'entreprise LIDIA.

Corrigé

L'entreprise LIDIA

	01-06		
275	Dépôts et cautionnements versés	10 000	
512	Banques		10 000
	01-06		
6125	Redevances de crédit-bail immobilier	1 500	
44566	État, TVA déductible	294	
512	Banques		1 794

2 Le crédit-bail

L'entreprise COQUIN a souscrit en *N* − 5 un contrat de crédit-bail pour l'acquisition d'un véhicule de transport d'une valeur de 90 000 € HT, pour une durée de 5 ans.

Les conditions du contrat prévoyaient : un loyer mensuel dont le montant est de 1 700 € HT ; un dépôt de garantie de 2 000 €.

L'entreprise décide au 1er octobre *N*, date de la dernière mensualité, de lever l'option d'achat, et de régler par chèque bancaire l'acquisition du véhicule après déduction du dépôt de garantie déjà versé. La valeur de rachat s'élève à 6 000 €.

La valeur comptable nette de l'immobilisation, dans les comptes de l'établissement financier, apparaît pour une valeur nulle.

Présentez les écritures de règlement de la dernière redevance et de la levée de l'option d'achat au journal de l'entreprise COQUIN (la TVA est au taux de 19,60 %).

Corrigé

L'entreprise COQUIN

	01-10-*N*		
6122	Redevance de crédit-bail mobilier	1 700,00	
44566	État, TVA déductible	333,20	
512	Banques		2 033,20
	Dernière redevance		
	01-10-*N*		
2182	Matériel de transport	6 000	
44562	État, TVA déductible sur immobilisations	1 176	
275	Dépôts et cautionnements versés		2 000
404	Fournisseurs d'immobilisations		5 176
	Levée de l'option d'achat		

3 SUBVENTION D'INVESTISSEMENT

Le 15 mai, l'entreprise COTARD se voit notifier l'attribution d'une subvention de 300 000 € pour financer partiellement l'acquisition d'un matériel industriel.

Le 1er juin, l'entreprise reçoit par virement postal le montant de la subvention accordée.

Le 10 juin, le matériel industriel est acheté 850 000 € HT. TVA 19,60 %. Ce matériel est réglé par chèque postal et est amortissable selon le système linéaire, sur une durée de 5 ans.

Les amortissements sont comptabilisés à l'inventaire le 31 décembre *N*, ainsi que le rapport au résultat de l'exercice.

1. Enregistrez l'ensemble de ces opérations au journal de COTARD.
2. Présentez les incidences de ces opérations, de manière schématique, au compte de résultat et au bilan.

Corrigé

1. Enregistrement des opérations au journal

	15-05		
441	État, subventions à recevoir	300 000,00	
131	Subventions d'équipement		300 000,00
	Notification		
	01-06		
514	Chèques postaux	300 000,00	
441	État, subventions à recevoir		300 000,00
	Règlement		

	10-06		
2154	Matériel industriel	850 000,00	
44562	État, TVA sur immobilisations	166 600,00	
514	Chèques postaux		1 016 600,00
	Investissement		
	31-12		
681	Dotations aux amortissements	94 444,00	
28154	Amortissements du matériel industriel		94 444,00
	850 000 × 0,20 × 200/360 = 94 444,44		
	d°		
139	Subventions d'équipement inscrites au compte de résultat	33 333,00	
777	Quote-part des subventions		33 333,00
	300 000 × 0,20 × 200/360 = 33 333,33		

2. Incidences sur les comptes de résultat et sur le bilan

Compte de résultat

681 DAP : 94 444	777 QP : 33 333

BILAN

Postes	Brut	Amort.	Net	Postes	Net
Installations techniques	850 000	94 444	755 556	Subventions d'invest. (300 000 – 33 333)	266 667

4 Les subventions – Le crédit-bail

L'entreprise SERGENT décide d'un programme d'agrandissement de ses structures industrielles. Elle envisage un double financement :

• un financement sur fonds propres appuyé en partie par une subvention d'un montant de 20 % du montant hors taxe de l'investissement industriel. Valeur de l'investissement 600 000 € HT ;

• un financement par crédit-bail d'un équipement industriel à forte obsolescence, d'une valeur de 240 000 € HT.

L'entreprise vous communique les caractéristiques de chacun des deux dossiers précédents :

Dossier subvention d'équipement :

Octroi de la subvention le 5 mars *N*.

Acomptes versés sur commande du matériel industriel : 130 000 €, le 10 mars *N*.

Livraison de l'équipement industriel et facturation du net à payer pour solde, le 30 août *N*. La subvention est versée le 5 septembre *N*. Règlement de la facture le 15 septembre *N*.

À l'inventaire au 31 décembre *N*, l'équipement industriel est économiquement amorti sur 5 ans et la fraction de la subvention d'investissement est rapportée au compte de résultat conformément aux règles du PCG.

Dossier crédit-bail :

Contrat de crédit-bail signé le 22 août, date d'effet au 1er septembre *N*.

Dépôt de garantie 30 000 €, versé à la signature du contrat.

Loyer trimestriel, 15 000 € HT, payable d'avance.

Option d'achat en *N* + 4 = 60 000 €

Pour l'ensemble de ces opérations, la TVA est au taux normal, et les règlements sont effectués par chèque bancaire.

***1. Pour chacun des dossiers, enregistrez au journal de l'entreprise les opérations courantes de l'exercice et les régularisations d'inventaire au 31 décembre* N.**
***2. Concernant les écritures de subventions, présentez schématiquement pour les postes concernés, le compte de résultat et le bilan au 31 décembre* N.**

Corrigé

1. Entreprise SERGENT

• *Dossier subvention d'équipement*

		05 mars *N*		
4411		État, subventions d'investissement à recevoir	120 000	
	131	Subventions d'équipement		120 000
		Notification de la subvention (20 % x 600 000)		
		10 mars *N*		
238		Avances et acomptes versés sur commandes d'immobilisations corporelles	130 000	
	512	Banques		130 000

	30 août N		
2154	Matériel industriel	600 000	
44562	État, TVA sur immobilisations	117 600	
238	Avances et acomptes versés		130 000
404	Fournisseurs d'immobilisations		587 600
	(600 000 × 1,196) − 130 000 = 587 600		
	05 sept. N		
512	Banques	120 000	
4411	État, subventions d'investissement à recevoir		120 000
	Virement de la subvention		
	15 sept. N		
404	Fournisseurs d'immobilisations	587 600	
512	Banques		587 600
	31 déc. N		
681	Dotations aux amortissements	50 000	
28154	Amortissements du matériel industriel		50 000
	600 000 × 0,20 × 5/12 = 50 000		
	d°		
139	Subventions d'investissement inscrites au compte de résultat	10 000	
777	Quote-part des subventions d'investissement virée au résultat		10 000
	$50\,000 \times \frac{120\,000}{600\,000} = 10\,000$		

• *Dossier crédit-bail*

	22 août N		
275	Dépôts et cautionnements versés	30 000	
512	Banques		30 000
	01 sept. N		
6122	Redevances de crédit-bail mobilier	15 000	
44566	État, TVA déductible sur ABS	2 940	
512	Banques		17 940
	Règlement du 1er terme		
	01 déc. N		
6122	Redevances de crédit-bail mobilier	15 000	
44566	État, TVA déductible sur ABS	2 940	
512	Banques		17 940
	Règlement du 2e terme		

	31 déc. N		
486	Charges constatée d'avance	10 000	
6122	Redevances de crédit-bail mobilier		10 000
	15 000 × 2/3 = 10 000		

2. Extraits du compte de résultat et du bilan, concernant le dossier « Subvention »

Charges	COMPTE DE RÉSULTAT	Produits	
Charges exploitation		Produits exceptionnels	
....		....	
Dotations aux amortis.	50 000	Subventions d'investis.	
		virées au résultat	10 000
....		....	

Actif	BILAN				Passif
	Brut	Amort.	Net		
Immob. corporelles				Capitaux propres	
Installations techniques mat. et outil. industriels	600 000	50 000	55 000	Subventions d'investissement (120 000 – 10 000)	110 000

15 Les créances et dettes en monnaies étrangères

1 Risque de change sur une vente

La société VIGAN vend à crédit à son client américain des marchandises pour une valeur de 20 000 USD, le 15 décembre *N*. Paiement 30 jours, fin de mois.

L'entreprise n'a pas couvert le risque de change.

Le cours du dollar américain évolue comme suit :

– 15 décembre *N* : 1 EUR = 0,95 USD

– 31 décembre *N* : 1 EUR = 1 USD

– 30 janvier *N* : 1 EUR = 1,05 USD

Il n'y a pas d'incident de règlement.

Enregistrez les écritures relatives à cette vente, suivant l'évolution de l'USD.

Corrigé

Journal de VIGAN

	15-12-*N*		
411	Clients	21 052,63	
707	Ventes de marchandises		21 052,63
	20 000 ÷ 0,95 = 21 052,63		
	31-12-*N*		
476	Différences de conversion – Actif	1 052,63	
411	Clients		1 052,63
	Perte latente sur la créance		
	21 052,63 – 20 000		
	d°		
6865	Dotations aux provisions pour risques et charges financiers	1 052,63	
1515	Provisions pour perte de change		1 052,63
	Perte latente à l'inventaire		
	01-01-*N* + 1		
411	Clients	1 052,63	
476	Différences de conversion – Actif		1 052,63
	Contre-passation		
	30-01-*N* + 1		
512	Banques	19 047,62	
666	Pertes de change	2 005,01	
411	Clients		21 052,63
	20 000 ÷ 1,05 = 19 047,62 en compte d'où une perte de change de :		
	21 052,63 – 19 047,62 = 2 005,01		
	d°		
1515	Provisions pour pertes de change	1 052,63	
7865	Reprises sur provisions pour risques et charges financiers		1 052,63

2 Risque de change sur un emprunt

La société française GARDY emprunte le 1er octobre *N* un montant de 80 000 USD à une banque américaine, au cours de 1 EUR. Cet emprunt présente les caractéristiques suivantes :

– amortissement financier sur 4 ans, remboursable d'un bloc, à terme ;

– intérêts payables annuellement à terme échu, au taux de 7 % l'an.

Les fluctuations de l'USD sont :

– au 31 décembre *N* : 1 EUR = 1,05 USD

– au 1er octobre *N* + 1 : 1 EUR = 0,95 USD

– au 31 décembre *N* + 1 : 1 EUR = 0,90 USD

Enregistrez au journal de GARDY les opérations relatives à ces événements.

Corrigé

Journal de GARDY

	1-10-*N*		
512	Banques	80 000	
164	Emprunts auprès des établissements de crédit		80 000
	80 000 × 1 USD = 80 000 EUR		
	31-12-*N*		
661	Charges d'intérêts	1 333,33	
1688	Intérêts courus sur emprunts		1 333,33
	80 000 × 0,07 × 3/12 = 1 400 USD		
	1 400 USD ÷ 1,05 = 1 333,33		
	d°		
164	Emprunts auprès des établissements de crédit	3 809,52	
477	Différences de conversion – Passif Gain latent		3 809,52
	80 000 – (80 000 ÷ 1,05) = 3 809,52		
	01-01-*N* + 1		
1688	Intérêts courus sur emprunt	1 333,33	
661	Charges d'intérêts		1 333,33
	Contre-passation		

	d°		
477	Différences de conversion – Passif	3 809,52	
164	Emprunts auprès des établissements de crédit		3 809,52
	Contre-passation		
	01-10-N + 1		
661	Charges d'intérêts	5 894,74	
512	Banques		5 894,74
	80 000 × 0,07 = 5 600		
	5 600 USD ÷ 0,95 = 5 894,74		
	31-12-N + 1		
661	Charges d'intérêts	1 555,55	
1688	Intérêts courus sur emprunts		1 555,55
	1 400 USD ÷ 0,90 = 1 555,55		
	d°		
476	Différences de conversion – Actif	8 888,89	
164	Emprunts auprès des établissements de crédit		8 888,89
	(80 000 ÷ 0,9) − 80 000 = 8 888,89		
	d°		
6865	Dotations aux provisions pour risques et charges financiers	8 888,89	
1515	Provisions pour pertes de change		8 888,89
	Perte latente		

Entraînement

16 Le compte de résultat – Le bilan

1 Documents de synthèse dans le système abrégé

Au 31 décembre *N*, l'entreprise LESUEUR présente la balance après inventaire, suivante :

BALANCE APRÈS INVENTAIRE

Système abrégé — **Entreprise LESUEUR** — **31-12-*N***

N° Comptes	Intitulés des comptes	Soldes débiteurs	Soldes créditeurs
101	Capital		380 000,00
106	Réserves		190 000,00
15	Provisions pour risques et charges		12 700,00
16	Emprunts et dettes assimilés		250 000,00
201	Frais d'établissement	40 000,00	
207	Fonds commercial	190 000,00	
21	Immobilisations corporelles	790 000,00	
27	Autres immobilisations financières	25 600,00	
280	Amortissement des immobilisations incorporelles		16 000,00
281	Amortissement des immobilisations corporelles		178 000,00
37	Stocks de marchandises	96 000,00	
397	Dépréciations des stocks de marchandises		6 500,00
400	Fournisseurs et comptes rattachés		84 000,00
409	Fournisseurs - Débiteurs	6 900,00	
410	Clients et comptes rattachés	96 000,00	
419	Clients créditeurs		3 400,00
491	Dépréciations des comptes clients		6 400,00
486	Charges constatées d'avance	4 200,00	
487	Produits constatés d'avance		5 400,00
50	VMP	143 000,00	
51	Banques, établissements financiers	32 000,00	
53	Caisse	2 500,00	
60	Achats	654 000,00	
603	Variation des stocks		32 000,00
61	Services extérieurs	263 000,00	
62	Autres services extérieurs	96 000,00	

BALANCE APRÈS INVENTAIRE (suite)

Système abrégé **Entreprise LESUEUR** **31-12-*N***

N° Comptes	Intitulés des comptes	Soldes Débiteurs	Soldes Créditeurs
63	Impôt, taxes et versements assimilés	83 000,00	
641	Rémunérations du personnel	456 000,00	
645	Charges de Sécurité sociale et de prévoyance	102 000,00	
65	Autres charges de gestion courante	38 400,00	
66	Charges financières	9 500,00	
681	Dotations aux amortissements, dépréciations et provisions	48 600,00	
707	Ventes de marchandises		1 860 000,00
708	Produits des activités annexes		14 000,00
709	RRR accordés	2 600,00	
75	Autres produits de gestion courante		46 000,00
76	Produits financiers		78 400,00
781	Reprises sur amortissements, dépréciations et provisions		12 500,00
79	Transferts de charges		4 000,00
Totaux		3 179 300,00	3 179 300,00

Présentez, selon le système abrégé, pour l'entreprise LESUEUR :
– le compte de résultat de l'exercice ;
***– le bilan au 31 décembre* N.**

Corrigé

L'entreprise LESUEUR

COMPTE DE RÉSULTAT DE L'EXERCICE — **Système abrégé**

Charges (hors taxes)	Exercice *N*	Exercice *N* − 1	Produits (hors taxes)	Exercice *N*	Exercice *N* − 1
Charges d'exploitation			Produits d'exploitation		
Achats [(a)]	654 000		Ventes de marchandises	1 857 400	
Variation de stocks [(b)]	– 32 000		Production vendue		
* Autres charges externes	359 000		(biens et services) [(c)]	14 000	
Impôts, taxes et versements assimilés	83 000		Production stockée [(d)]		
Rémunérations du personnel	456 000		Subvention d'exploitation		
Charges sociales	102 000		Autres produits [(2)]	62 500	
Dotations aux amortissements dépréciations et aux provisions	48 600		Produits financiers [(2)]	78 400	
Autres charges	38 400				
Charges financières	9 500				
Total I	1 718 500		Total I dont à l'exportation :	2 012 300	
Charges exceptionnelles (II)	–		Produits exceptionnels (II)	–	
Impôts sur le bénéfices (III)	–				
Total des charges (I + II + III)	1 718 500		Total des produits (I + II)	2 012 300	2 012 300
Solde créditeur : bénéfice [(1)]	293 800		Solde débiteur : perte [(3)]		
Total général	2 012 300		Total général	2 012 300	

* Y compris :
– redevances de crédit-bail mobilier.
– redevances de crédit-bail immobilier

(1) Compte tenu d'un résultat exceptionnel avant impôts de...
(2) Dont reprises sur prov.
(3) Compte tenu d'un résultat exceptionnel avant impôts de...

(a) Y compris droits de douane.
(b) Stock initial moins stock final : montant de la variation en moins entre parenthèses ou précédé du signe (−).
(c) À inscrire, le cas échéant, sur des lignes distinctes.
(d) Stock final moins stock initial : montant de la variation en moins entre parenthèses ou précédé du signe (−).

BILAN (AVANT RÉPARTITION) **Système abrégé**

ACTIF	Ex. *N* Brut	Ex. *N* Amorts et dépréciations	Ex. *N* Net	Ex. *N* — 1 Net
Actif immobilisé				
Immobilisations incorpororelles				
– fonds commercial [(a)]	190 000		190 000	
– autres	40 000	16 000	24 000	
Immobilisations corporelles	790 000	178 000	612 000	
Immobilisations financières [(1)]	25 600		25 600	
Total I	1 045 600	194 000	851 600	
Actif circulant				
Stocks et en-cours	96 000	6 500	89 500	
Avances et acomptes versés sur commandes				
Créances [(2)]				
– clients et comptes rattachés	96 000	6 400	89 600	
– autres [(3)]	6 900		6 900	
Valeurs mobilières de placement	143 000		143 000	
Disponibilités	34 500		34 500	
Charges constatées d'avance [(2)]	4 200		4 200	
Total II	380 600	12 900	367 700	
Total général (I + II)	1 426 200	206 900	1 219 300	
(1) Dont à moins d'1 an (2) Dont à plus d'1 an (3) Dont comptes courants associés				

PASSIF	Exercice *N*	Exercice *N* — 1
Capitaux propres		
Capital	380 000	
Écarts de réévaluation [(b)]		
Réserves :	190 000	
– réserve légale		
– réserves réglementées		
– autres [(4)]		
Report à nouveau [(c)]		
Résultat de l'exercice (bénéfice ou perte) [(c)]	293 800	
Provisions réglementées		
Total I	863 800	
Prov. pour risques et charges (II)	12 700	
Dettes [(5)] :		
Emprunts et dettes assim.	250 000	
Avances et acomptes reçus sur commandes en cours	3 400	
Fournisseurs et comptes rattachés	84 000	
Autres [(3)] :		
Produits constatés d'avance [(2)]	5 400	
Total III	342 800	
Total général (I + II + II)	1 219 300	
(4) Dont réserves statutaires (5) Dont à plus de 5 ans Dont à plus d'1 an et moins de 5 ans Dont à moins d'1 an		

(a) Y compris droit au bail
(b) À détailler conformément à la législation en vigueur
(c) Montant entre parenthèses ou précédé d'un signe moins (–) lorsqu'il s'agit de pertes

2 DOCUMENTS DE SYNTHÈSE DANS LE SYSTÈME DE BASE

L'entreprise LEFISC, au 31 décembre *N*, date de la fin de son exercice comptable, doit présenter les documents de synthèse : le compte de résultat et le bilan.

En fin d'exercice, l'entreprise a effectué les régularisations correspondantes à l'inventaire. L'entreprise présente au 31 décembre *N*, la balance après inventaire suivante :

BALANCE APRÈS INVENTAIRE

Système de base — **Entreprise LEFISC** — **31-12-*N***

N° Comptes	Intitulés des comptes	Soldes débiteurs	Soldes créditeurs
101	Capital		850 000,00
106	Réserves		650 000,00
15	Provisions pour risques et charges		15 000,00
164	Emprunts auprès des établissements de crédit		430 000,00
1688	Intérêts courus		8 700,00
201	Frais d'établissement	60 000,00	
207	Fonds commercial	150 000,00	
211	Terrains	280 000,00	
213	Constructions	720 000,00	
2182	Matériel de transport	371 000,00	
2183	Matériel de bureau	486 000,00	
2184	Mobilier	256 400,00	
271	Titres immobilisés	145 000,00	
274	Prêts	45 000,00	
2801	Amortissements des frais d'établissement		20 000,00
2813	Amortissements des constructions		80 000,00
28182	Amortissements du matériel de transport		24 800,00
28183	Amortissements du matériel de bureau		9 600,00
28184	Amortissements du mobilier		2 400,00
37	Stocks de marchandises	495 000,00	
39	Dépréciation des stocks		4 000,00
401	Fournisseurs		60 000,00
403	Fournisseurs – Effets à payer		42 000,00
404	Fournisseurs d'immobilisations		25 000,00
408	Fournisseurs – Factures non parvenues		8 000,00
4096	Fournisseurs – Créances pour emballages à rendre	6 200,00	
4098	Fournisseurs – RRR à obtenir	2 500,00	
411	Clients	125 000,00	
413	Clients – Effets à recevoir	25 900,00	
416	Clients douteux	12 300,00	
4181	Clients – Factures à établir	2 600,00	
4196	Clients – Dettes pour emballages consignés		4 800,00
4198	RRR à accorder		800,00

BALANCE APRÈS INVENTAIRE (suite)

Système de base | **Entreprise LEFISC** | **31-12-*N***

N° Comptes	Intitulés des comptes	Soldes débiteurs	Soldes créditeurs
44551	État – TVA à décaisser		4 300,00
44566	État – TVA déductible sur ABS	245 000,000	
481	Charges à répartir sur plusieurs exercices	8 000,00	
491	Dépréciations des comptes clients		2 400,00
486	Charges constatées d'avance	8 600,00	
487	Produits constatés d'avance		2 200,00
50	Valeurs mobilières de placement	98 000,00	
512	Banques	34 500,00	
514	Chèques postaux	25 400,00	
53	Caisse	8 300,00	
602	Achats stockés - Autres approvisionnements	26 500,00	
6037	Variation de stocks	45 170,00	
606	Achats non stockés de matières et fournitures	38 000,00	
607	Achats de marchandises	1 356 000,00	
6097	RRR obtenus		8 600,00
615	Entretien et réparations	86 000,00	
616	Primes d'assurance	35 000,00	
622	Rémunérations d'intermédiaires et honoraires	62 000,00	
623	Publicité, publications, relations publiques	462 000,00	
624	Transports de biens et du personnel	128 000,00	
625	Déplacements, missions et réceptions	254 000,00	
626	Frais postaux et frais de télécommunication	96 000,00	
627	Services bancaires	15 000,00	
63	Impôts, taxes et versements assimilés	68 000,00	
641	Rémunérations du personnel	952 000,00	
645	Charges de Sécurité sociale et de prévoyance	389 000,00	
65	Autres charges de gestion courante	23 000,00	
661	Charges d'intérêts	56 200,00	
665	Escomptes accordés	8 600,00	
681	Dotations aux amortissements	86 500,00	
6815	Dotations aux provisions pour risques et charges	5 000,00	
6817	Dotations aux dépréciations	3 000,00	
707	Ventes de marchandises		4 986 700,00
708	Produits des activités annexes		384 500,00
7097	RRR accordés	6 430,00	
75	Autres produits de gestion courante		46 700,00
76	Produits financiers		98 000,00
781	Reprises sur amortissements, dépréciations et provisions		35 000,00
791	Transferts de charges		8 600,00
	Totaux	7 812 100,00	7 812 100,00

Corrigé

L'entreprise LEFISC, au 31 décembre *N*, selon la balance après inventaire présente les documents de synthèse suivants :

COMPTE DE RÉSULTAT DE L'EXERCICE - SYSTÈME DE BASE
Entreprise LEFISC

Charges (hors taxes)	Exercice *N*	Exercice *N* − 1
Charges d'exploitation :		
Achats de marchandises	1 347 400	
Variation de stocks	45 170	
Achats de matières premières et autres approvisionnements	26 500	
Variation de stocks	–	
Autres achats et charges externes (*)	1 176 000	
Impôts, taxes et versements assimilés	68 000	
Salaires et traitements	952 000	
Charges sociales	389 000	
Dotations aux amortissements et aux provisions :		
Sur immobilisations : dotations aux amortissements	86 500	
Sur immobilisations : dotations aux dépréciations		
Sur actif circulant : dotations aux dépréciations	3 000	
Pour risques et charges : dotations aux provisions	5 000	
Autres charges	23 000	
Total (I)	4 121 570	
Quotes-parts de résultats sur opérations faites en commun (II)		
Charges financières :		
Dotations aux amortissements et aux provisions		
Intérêts et autres charges assimilées	64 800	
Différences négatives de change		
Charges nettes sur cessions de valeurs mobilières de placement		
Total (III)	64 800	
Charges exceptionnelles :		
Sur opérations de gestion		
Sur opérations en capital		
Dotations aux amortissements et aux provisions		
Total (IV)	–	
Participation des salariés aux résultats (V)		
Impôts sur les bénéfices (VI)		
Total des charges (I + II + III + IV + V + VI)	4 186 370	
Solde créditeur = bénéfice	1 366 700	
TOTAL GÉNÉRAL	5 553 070	
* Y compris : – redevances de crédit-bail mobilier – redevances de crédit-bail immobilier		

COMPTE DE RÉSULTAT DE L'EXERCICE – SYSTÈME DE BASE
Entreprise LEFISC

Produits (hors taxes)	Exercice *N*	Exercice *N* − 1
Produits d'exploitation (1) **:**		
Ventes de marchandises	4 980 270	
Production vendue (biens et services) (a)	384 500	
Sous-total A - Montant net du chiffre d'affaires	5 364 770	
Dont à l'exportation		
Production stockée (b)		
Production immobilisée		
Produits nets partiels sur opérations à long terme		
Subventions d'exploitation		
Reprises sur dépréciations (et amortis.), et transfert de charges	43 600	
Autres produits	46 700	
Sous-total B	90 300	
Total (A + B) (I)	5 455 070	
Quotes-parts de résultats sur opérations faites en commun (II)		
Produits financiers :		
De participation (2)		
D'autres valeurs mobilières et créances de l'actif immobilisé (2)		
Autres intérêts et produits assimilés (2)	98 000	
Reprises sur dépréciations et transferts de charges		
Différences positives de change		
Produits nets sur cessions de valeurs mobilières de placement		
Total (III)	98 000	
Produits exceptionnels :		
Sur opérations de gestion		
Sur opérations en capital		
Reprises sur provisions et transferts de charges		
Total (IV)	–	
Total des produits (I + II + III + IV)	5 553 070	
Solde débiteur = perte (3)		
TOTAL GÉNÉRAL	5 553 070	
(1) Dont produits afférents à des exercices antérieurs. (2) Dont produits concernant les entreprises liées. (3) Compte tenu d'un résultat exceptionnel avant impôt de. (a) À inscrire, le cas échéant, sur des lignes distinctes. (b) Stock final moins stock initial : montant de la variation en moins entre parenthèses ou précédé du signe (−).		

Écritures de regroupement au 31 décembre *N* : entreprise LEFISC

	31-12-*N*		
120	Résultat : charges de l'exercice	4 186 370	
6097	RRR obtenus	8 600	
602	Achats stockés - Autres approvis.		26 500
6037	Variation de stocks		45 170
606	Achats non stockés de matières et fournitures		38 000
607	Achats de marchandises		1 356 000
615	Entretien et réparations		86 000
616	Primes d'assurance		35 000
622	Rémunérations d'intermédiaires et honoraires		62 000
623	Publicité, publications, relations publiques		462 000
624	Transports de biens et du personnel		128 000
625	Déplacements, missions et réceptions		254 000
626	Frais postaux et frais de télécom.		96 000
627	Services bancaires		15 000
63	Impôts, taxes et versements assimilés		68 000
641	Rémunérations du personnel		952 000
645	Charges de Sécurité sociale et de prévoyance		389 000
65	Autres charges de gestion courante		23 000
661	Charges d'intérêts		56 200
665	Escomptes accordés		8 600
681	Dotations aux amortissements et dépréciations		86 500
6815	Dotations aux provisions pour risques et charges		5 000
6817	Dotations aux dépréciations		3 000
	Pour solde des comptes de charges		
	31-12-*N*		
707	Ventes de marchandises	4 986 700	
708	Produits des activités annexes	384 500	
75	Autres produits de gestion courante	46 700	
76	Produits financiers	98 000	
781	Reprises sur amortissements, dépréciations et provisions	35 000	
79	Transferts de charges	8 600	
7097	RRR accordés		6 430
120	Résultat : produits de l'exercice		5 553 070

	31-12-*N*		
120	Résultat : produits de l'exercice	5 553 070	
120	Résultat : charges de l'exercice		4 186 370
120	Résultat de l'exercice (bénéfice)		1 366 700

BILAN (SYSTÈME DE BASE)
Entreprise LEFISC

ACTIF [a]	Exercice *N* Brut	Amortis. et dépréc. (à déd.)	Net	Ex. *N* − 1 Net
ACTIF IMMOBILISÉ				
Immobilisations corporelles :				
Frais d'établissement	60 000	20 000	40 000	
Frais de recherche et de développement				
Concessions, brevets, licences, marques, procédés, logiciels, droits et valeurs similaires				
Fonds commercial [1]	150 000		150 000	
Autres				
Immobilisations incorporelles en cours				
Avances et acomptes				
Immobilisations corporelles :				
Terrains	280 000		280 000	
Constructions	720 000	80 000	640 000	
Installations techniques, matériel et outillage industriels				
Autres	1 113 400	36 800	1 076 600	
Immobilisations corporelles en cours				
Avances et acomptes				
Immobilisations financières [2] :				
Participations				
Créances rattachées à des participations				
Autres titres immobilisés	145 000		145 000	
Prêts	45 000		45 000	
Autres immobilisations financières				
Total I	2 513 400	136 800	2 376 600	
(1) Dont droit au bail. (2) Dont à moins d'un an.				

ACTIF [a]	Exercice *N* Brut	Exercice *N* Amortis. et dépréc. (à déd.)	Exercice *N* Net	Ex. *N* – 1 Net
ACTIF CIRCULANT				
Stocks et en-cours :				
Matières premières et autres approvis.				
En-cours de production (biens et services) [b]				
Produits intermédiaires et finis				
Marchandises	495 000	4 000	491 000	
Avances et acomptes versés sur commandes				
Créances [3] **:**				
Créances clients et comptes rattachés [c]	165 800	2 400	163 400	
Autres	253 700		253 700	
Capital souscrit – appelé, non versé				
Valeurs mobilières de placement [d] **:**				
Actions propres				
Autres titres	98 000		98 000	
Instruments de trésorerie				
Disponibilités	68 200		68 200	
Charges constatées d'avance [3]	8 600		8 600	
Total II	1 089 300	6 400	1 082 900	
COMPTES DE RÉGULARISATION				
Charges à répartir sur plusieurs exercices (III)	8 000		8 000	
Primes de remboursement des obligations (IV)				
Écarts de conversion Actif (V)				
TOTAL GÉNÉRAL (I + II + III + IV + V)	3 610 700	143 200	3 467 500	

(3) Dont à plus d'un an.
(a) Le cas échéant, la contrepartie du capital souscrit non appelé doit figurer distinctement comme premier poste de l'actif, avant immobilisations incorporelles.
(b) À ventiler, le cas échéant, entre biens d'une part et services d'autre part.
(c) Créances résultant de ventes ou de prestations de services.
(d) Poste à servir directement s'il n'existe pas de rachat par l'entreprise de ses propres actions.

BILAN – SYSTÈME DE BASE

PASSIF avant répartition	Exercice *N*	Exercice *N* − 1
Capitaux propres		
Capital dont versé [(a)]	850 000	
Primes d'émission, de fusion, d'apport		
Écarts de réévaluation [(b)]		
Réserves :	650 000	
Réserve légale		
Réserves statutaires ou contractuelles		
Réserves réglementées		
Autres		
Report à nouveau [(c)]		
Résultat de l'exercice (bénéfice ou perte) [(d)]	1 366 700	
Subventions d'investissement		
Provisions réglementées		
Total I	2 866 700	
Provisions pour risques et charges		
Provisions pour risques	15 000	
Provisions pour charges		
Total II	15 000	
Dettes [(1)]		
Emprunts obligataires convertibles		
Autres emprunts obligataires		
Emprunts et dettes auprès des établis. de crédit [(2)]	430 000	
Emprunts et dettes financières divers [(3)]	8 700	
Avances et acomptes reçus sur commandes en cours		
Dettes fournisseurs et comptes rattachés [(e)]	110 000	
Dettes fiscales et sociales	4 300	
Dettes sur immobilisations et comptes rattachés	25 000	
Autres dettes	5 600	
Produits constatés d'avance	2 200	
Total III	585 800	
Écarts de conversion passif (IV)		
Total général (I + II + III + IV)	3 467 500	

(1) Dont à plus d'1 an.
Dont à moins d'1 an.
(2) Dont concours bancaires courants et soldes créditeurs de banques.
(a) Y compris capital souscrit non appelé.
(b) À détailler conformément à la législation en vigueur.
(c) Montant entre parenthèses ou précédé du signe moins (−) lorsqu'il s'agit de pertes reportées.
(d) Montant entre parenthèses ou précédé du signe moins (−) lorsqu'il s'agit d'une perte.
(e) Dettes sur achats ou prestations de services.
(f) À l'exception, pour l'application de (1), des avances et acomptes reçus sur commandes en cours.

17 Cas de synthèse

1 Opérations d'inventaire - Calcul du résultat

Le comptable de l'entreprise RICHARD a établi un bilan provisoire au 31-12-*N* :

ACTIF					PASSIF
Actif immobilisé				**Capitaux propres**	
Immobilisations corporelles :				Capital	500 000
– Constructions	230 000	33 000	197 000	Résultat net de l'exercice	159 200
– Inst. tech. mat. out. ind.	566 000	119 800	446 200		
– Autres immob. corporelles	221 200	62 180	159 040	Total	659 200
Total			802 240	**Dettes**	
Actif circulant				Emprunt (1)	230 000
Stock et en-cours				Dettes fournisseurs	139 250
– Mat. premières et autres app.	4 540		4 540	Dettes diverses	1 750
– Marchandises	97 120		97 120		
Créances :				Total	371 000
– Créances et cptes rattachés	100 133	9 553	90 580		
– Autres	810		810		
Disponibilités :	34 910		34 910		
Total			227 960		
Total général			1 030 200	**Total général**	1 030 200

(1) à plus d'1 an.

Le résultat provisoire du bilan a été déterminé arithmétiquement ; les comptes de gestion n'ont pas été soldés, les stocks figurant au bilan résultent d'une évaluation forfaitaire provisoire à la fin de *N*.

Après vérification, il apparaît que :

1. Une facture d'achat de marchandises ne nous est pas encore parvenue à la date du 31-12-*N*. Valeur estimée : 1 350 €.

2. Dubois, client douteux, a réglé pour solde 3 500 € le 30-06-*N*. Sa créance de 5 000 € avait été couverte par une dépréciation de 1 000 €, le 31-12-*N* – 1.

Le 30-06-*N*, le comptable a passé l'écriture :

		30-06-*N*		
512		Banques	3 500	
	416	Client douteux		3 500

3. Le client SCHMITT ayant été déclaré en liquidation de biens en juin *N*, le Syndic nous fait savoir que la créance de 17 940 € ne sera probablement payée qu'à concurrence de 70 %.

4. Le 01-04-*N*, RICHARD a remplacé une machine usagée par un matériel plus élaboré.

Renseignements concernant le matériel usagé A :
– date d'acquisition 01-04-*N* – 6
– valeur d'origine 36 000 € HT
– amortissement linéaire taux 10 %

Renseignements relatifs au matériel neuf B :
– prix acquisition 90 000 € HT
– amortissement dégressif, l'amortissement linéaire est l'amortissement économiquement justifié sur 8 années (coefficient : 2,25).

Le jour de l'installation, le vendeur reprenant le matériel usagé, M. RICHARD lui a fait un chèque de 83 720 € qui s'est traduit, en comptabilité, par l'écriture suivante :

	01-04-*N*		
2154	Matériels industriels	70 000	
44562	État, TVA déductible / immob.	13 720	
512	Banques		83 720

5. Les dotations aux amortissements à réaliser sur les immobilisations autres que les machines A et B sont :

Constructions	9 000 €
Installations techniques, matériels et outillages industriels	32 000 €
Autres immobilisations corporelles	25 500 €

6. L'emprunt a été contracté le 01-10-*N*. Il est remboursable sur 10 ans par amortissement constant. La première annuité sera réglée le 01-10-*N* + 1. Taux d'intérêt 10 % l'an.

7. Des emballages consignés (300 € parmi les dettes diverses, au bilan) n'ont pas été restitués dans le délai imparti.

8. Après inventaire extra-comptable, le stock final de marchandises s'élève à 99 120 €, le stock final d'emballages à 3 600 €.

1. Présentez les écritures d'inventaire au 31-12-**N*****.***
2. Calculez le résultat définitif de* N *à partir du résultat provisoire indiqué dans le bilan.

Entraînement

Corrigé

1. Écritures d'inventaire

	1e		
607	Achats de marchandises	1 350,00	
44586	État, TVA sur factures non parvenues	264,60	
408	Fournisseurs. Factures non parvenues		1 614,60
	2e		
491	Dépréciations des comptes clients	1 000,00	
781	Reprises sur dépréciations		1 000,00
	d°		
654	Pertes sur créances irrécouvrables	1 254,18	
44551	État, TVA à décaisser	245,82	
416	Clients douteux ou litigieux		1 500,00
	3e		
416	Clients douteux ou litigieux	17 940,00	
411	Clients		17 940,00
	d°		
6817	Dotations aux dépréciations – Exploitation	4 500,00	
491	Dépréciations des comptes clients		4 500,00
	(17 940 / 1,196) × 0,3		
	4e		
681	Dotations aux amortissements – Exploitation	900,00	
2815	Amortissements des matériels industriels		900,00
	36 000 × 10 % × 3/12 (complément)		
	d°		
2815	Amortissements des matériels industriels	21 600,00	
675	Valeur nette comptable des actifs cédés	14 400,00	
2154	Matériels industriels		36 000,00
	Régularisation de la cession		
	d°		
2154	Matériels industriels	20 000,00	
775	Produits des cessions d'actif		20 000,00
	d°		
512	Banques	3 920,00	
44571	État, TVA collectée		3 920,00
	d°		
681	Dotations aux amortissements – Exploitation	8 437,50	
2815	Amortissements des matériels industriels		8 437,50
	90 000 × 12,5 % × 9/12 (B)		
	d°		
687	Dotations aux provisions réglementées	10 546,50	
145	Amortissements dérogatoires		10 546,50
	18 984 – 8 437,50		
	Amortissement fiscal – Amortissement économique		

Rq : calcul de l'amortissement fiscal
90 000 × 12,5% × 2,25 × 9/12 = 18 984

	5ᵉ		
681	Dotations aux amortissements – Exploitation	66 500,00	
2813	Amortissements des constructions		9 000,00
2815	Amortissements des matériels industriels		32 000,00
2818	Amortissements des autres immob. corp.		25 500,00
	6ᵉ		
661	Charges financières	5 750,00	
1688	Intérêts courus		5 750,00
	230 000 × 10 % × 3/12		
	7ᵉ		
4196	Clients, dettes pour emballages, matériel cons.	300,00	
708	Ventes d'emballages		250,84
44571	État, TVA collectée		49,16
	8ᵉ		
37	Stock de marchandises	99 120,00	
603	Variation du stock de marchandises		99 120,00
	d°		
603	Variation du stock de marchandises	97 120,00	
37	Stock de marchandises		97 120,00
	d°		
326	Stock d'emballages	3 600,00	
603	Variation des stocks		3 600,00
603	Variation des stocks	4 540,00	
326	Stock d'emballages		4 540,00

2. Calcul du résultat définitif

Achats	– 1 350,00	Résultat provisoire	159 200,00
Pertes/créances	– 1 254,18	Reprises provisions	1 000,00
Dotation aux provis.	– 4 500,00	Produits des cessions	20 000,00
Dotation aux amortis.	– 86 384,00	Ventes d'emballages	250,84
Valeur compte cession	– 14 400,00	Variation stock march.	2 000,00
Charges financières	– 5 750,00		
Variation stock	– 940,00	Résultat définitif	+ 62 872,66

Entraînement

2 INVENTAIRE - AMORTISSEMENTS ET PROVISIONS

La société anonyme GRALL dont l'objet est la fabrication et l'entretien de tout matériel agricole a été constituée le 1er juillet N − 1 et termine fin *N* son deuxième exercice.

Annexe 1. Extrait de la balance après inventaire au 31 décembre *N*

COMPTES	SOLDES	
	débiteurs	créditeurs
Capital		800 000
Amortissement dérogatoire		3 275
Constructions	67 560	
Matériels industriels	122 800	
Matériel de transport	20 000	
Matériel de bureau et informatique	11 484	
Amortissements des constructions		5 067
Amortissements des matériels industriels		24 140
Amortissements du matériel de transport		6 000
Amortissements du matériel de bureau et inform.		2 296
Matières premières	182 340	
Matières consommables	16 250	
Produits finis	280 900	
Dépréciations des mat. premières		22 720
Fournisseurs		123 430
Clients	190 460	
Clients douteux	36 836,80	
Dépréciations des comptes clients		7 228

Annexe 2. État du matériel et outillage au 31 décembre *N*

Désignation	Date d'acquisition	Valeur d'acquisition
Tour automatique	01-07-*N* − 1	72 000
Presse hydraulique	01-10-*N*	50 800
		122 800

Remarque : la durée d'utilisation prévue est identique pour ces deux matériels.

Annexe 3

État des clients douteux au 31 décembre *N* avant inventaire

Nom	Nominal de la créance TTC	Dépréciations constituées au 31-12-*N* – 1		Recouvt. en *N*	Observations
Jacques	13 443,04	40 %	4 496	7 223,84	Pour solde
René	11 696,88	25 %	2 445	5 023,20	Toujours solvable Fixer la dépréciation à 35 % de la somme restant due

Analyse des créances au 31 décembre *N* après inventaire extra-comptable

Nom	TTC Nominal de	Perte probable
André	17 844,32	25 % ....
Laurent	12 318,80	15 % ....

En vous aidant des documents fournis en annexes 1, 2 et 3 :

1. Retrouvez le taux constant d'amortissement de matériels industriels.

2. Retrouvez le taux dégressif d'amortissement du matériel de transport, sachant que ce poste ne comprend qu'une seule fourgonnette dont la valeur comptable nette à la fin de N *– 1 était de 16 500 €. Indiquez également sa date d'acquisition.*

3. a) Vérifiez le montant de la dépréciation financière des comptes clients figurant dans la balance (cf. annexes 1 et 3).

b) Présentez toutes les écritures de régularisation des comptes clients et clients douteux qui ont normalement été passées au journal à la fin de N.

c) Présentez les tableaux d'amortissement fiscal, économique et dérogatoire pour la fourgonnette.

d) Passez l'écriture de régularisation de l'amortissement sachant que l'amortissement dégressif est un amortissement fiscal et que l'amortissement économique justifié est l'amortissement linéaire.

Corrigé

1. Taux constant d'amortissement des matériels industriels

24 140 = (72 000 × 18/12 × t) + (50 800 × 3/12 × t) → t = 20 %

2. Taux dégressif de la fourgonnette

$$\frac{16\,500 - (20\,000 - 9\,275)}{16\,500} = 35\,\%$$

Amortissements passés
9 275 = 6 000 + 3 275

Date d'acquisition : $\frac{9\,275 - 5\,575}{20\,000 \times 0{,}35}$ = 0,5, soit le 1er juillet $N - 1$

3. a. Vérification du montant de la dépréciation calculée sur le hors taxe

René	5 580 HT	35 %	1 953
André	14 920 HT	25 %	3 730
Laurent	10 300 HT	15 %	1 545
		Total :	7 228

3. b. Écritures de régularisation des clients douteux :

	31-12-N		
491	Dépréciations des comptes clients	4 496,00	
781	Reprises sur dépréciations – Exploitation		4 496,00
654	Pertes sur créances irrécouvrables	5 200,00	
44551	État, TVA à décaisser	1 019,20	
416	Clients douteux		6 219,20
	(13 443,04 / 1,196) – 7 223,84 = 5 200		
416	Clients douteux	30 163,12	
411	Clients		30 163,12
	17 844,32 + 12 318,80		
491	Dépréciation des comptes clients	492,00	
781	Reprises sur dépréciations – Exploitation		492,00
	2 445 – (5 580 × 35 %)		
681	Dotations aux dépréciations – Exploitation	5 275,00	
491	Dépréciation des comptes clients		5 275,00
	3 730 + 1 545		

Amortissement du matériel de transport Système dégressif			Durée : 5	Mois Amortissement : 6	Coefficient : 1,75
Tx Cstt	Tx Dég	Années	Base calcul	Annuités	VNC
0,2	0,35	*N* − 1	20 000	3 500	16 500
0,25	0,35	*N*	16 500	5 775	10 725
0,33	0,35	*N* + 1	10 725	3 754	6 971
0,5	0,35	*N* + 2	6 971	3 486	3 485
1	0,35	*N* + 3	3 485	3 485	0

Amortissement du matériel de transport			
Système linéaire Durée : 5		Nbre de jours d'amort. : 180	
Années	Base calcul	Annuités	VNC
N − 1	20 000	2 000	18 000
N	20 000	4 000	14 000
N + 1	20 000	4 000	10 000
N + 2	20 000	4 000	6 000
N + 3	20 000	4 000	2 000
N + 4	20 000	2 000	0

Amortissement dérogatoire				
Années	Amort. fiscal	Amort. économique	Amortissement dérogatoire	
			Dotations	Reprises
N − 1	3 500	2 000	1 500	
N	5 775	4 000	1 775	
N + 1	3 754	4 000		246
N + 2	3 486	4 000		514
N + 3	3 485	4 000		515
N + 4		2 000		2 000
			3 275	3 275

		31/12/*N*		
6811		Dotations aux amortissements sur immobilisations corporelles	4 000	
	28182	Amortissements du matériel de transport		4 000
		Amortissement économique		
		d°		
687		Dotations aux provisions réglementées	1 775	
	145	Amortissements dérogatoires		1 775
		Amortissement dérogatoire		

3 INVENTAIRE – DOCUMENTS DE SYNTHÈSE

La balance avant inventaire (par soldes) au 31 décembre $N + 2$ de l'entreprise DEBECQ est donnée en annexe. L'entreprise a été créée le 1er janvier N.

On vous communique les renseignements complémentaires suivants :

a. Un véhicule de transport acheté 40 000 € le 1er janvier N a été vendu, le 1er octobre $N + 2$, 21 800 €. Seule l'écriture suivante a été passée :

512	Banques	26 072,80	
775	Produits des cessions d'élément d'actif		21 800,00
44571	État, TVA collectée		4 272,80

b. Les stocks en fin d'exercice ont été estimés à 135 000 pour les marchandises et 14 000 pour les matières et fournitures consommables.

c. Les immobilisations ont été acquises au 1er janvier N et sont amortissables selon le procédé de l'amortissement constant.

d. La provision sur les comptes de clients est à réduire de moitié.

Annexe. Balance avant inventaire (soldes)

31-12-$N + 2$

N° comptes	Libellés	Soldes débiteurs	Soldes créditeurs
101	Capital		160 000
164	Emprunts auprès d'établissements de crédit		120 000
2182	Matériel de transport	120 000	
2183	Matériel de bureau et informatique	80 000	
2184	Mobilier	60 000	
28182	Amortissement du matériel de transport		48 000
28183	Amortissement mat. de bureau et inform.		20 000
28184	Amortissement mobilier		12 000
321	Matières et fournitures consommables	17 000	
371	Stock de marchandises	110 000	
401	Fournisseurs et comptes rattachés		54 000
411	Clients	59 200	
416	Clients douteux et litigieux	40 000	
431	Sécurité sociale		3 000
432	Autres organismes sociaux		2 000
44566	État, TVA déductible sur biens et services	9 000	
44551	État, TVA à décaisser		6 000
491	Dép. des comptes de clients		2 000
512	Banques	78 800	
530	Caisse	14 000	
6020	Achats d'autres approvisionnements	25 000	
606	Achats d'approvisionnements non stockés	20 000	
607	Achats de marchandises	460 600	
6097	RRR obtenus sur achats de marchandises		6 000
615	Travaux d'entretien et de réparation	8 600	
616	Primes d'assurance	11 400	
624	Transports de biens	41 500	
625	Déplacements	10 500	
626	Frais postaux et frais de télécommunication	12 000	
627	Services bancaires	4 800	
630	Impôts et taxes	21 600	
641	Rémunérations du personnel	102 200	
643	Charges de Séc. soc. et de prévoyance	40 400	
661	Charges d'intérêts	16 000	
665	Escomptes accordés	9 400	
707	Ventes de marchandises		908 200
7097	Rabais sur ventes de marchandises	9 000	
708	Produits des activités annexes		12 000
765	Escomptes obtenus		6 000
775	Produits des cessions d'actif		21 800
Totaux		1 381 000	1 381 000

1. Passez au journal les écritures de régularisation d'inventaire compte tenu des renseignements ci-dessus.

2. Présentez le compte de résultat en système de base.

3. Calculez le montant : du résultat d'exploitation, du résultat financier, du résultat exceptionnel.

Corrigé

1. Écritures de régularisation d'inventaire

Calcul des amortissements :

– Matériel de transport

Taux : $\frac{48\,000}{120\,000} \times \frac{1}{2} = 20\,\%$

Amortissement du véhicule vendu :

$40\,000 \times 0{,}2 \times \frac{3}{4} = 6\,000$

Amortissement des autres véhicules :

$80\,000 \times 0{,}2 = 16\,000$

– Matériel de bureau et informatique :

Taux : $\frac{20\,000}{80\,000} \times \frac{1}{2} = 12{,}5\,\%$

Amortissement : 10 000

– Mobilier :

Taux : $\frac{12\,000}{60\,000} \times \frac{1}{2} = 10\,\%$

Amortissement : 6 000

2. Écritures

	31-12-*N* + 2		
675	Valeur comptable des éléments d'actifs cédés	18 000,00	
28182	Amortissement matériel de transport	22 000,00	
2182	Matériel de transport		40 000,00
	d°		
68111	Dotations aux amortissements des immobilisations corporelles	38 000,00	
28182	Amortissements du mat. de transp.		22 000,00
28183	Amortissements du mat. de bureau et informatique		10 000,00
28184	Amortissements du mobilier		6 000,00
	d°		
6032	Variation stocks autres approvisionnements	17 000,00	
6037	Variation stocks de marchandises	110 000,00	
321	Matériel et fournitures consommables		17 000,00
371	Stock de marchandises		110 000,00
	Pour solde du stock initial		
	d°		
321	Matériel et fournitures consommables	14 000,00	
371	Stock de marchandises	135 000,00	
6032	Variation stock autres approvis.		14 000,00
6037	Variation stock de marchandises		135 000,00
	D'après stock final		

	d°		
491	Dépréciations des comptes clients	1 000,00	
78174	Reprises sur dépréciations créances		1 000,00

Compte de résultat de l'exercice – Système de base

Charges	Exercice *N* + 2	Exercice *N*
Charges d'exploitation (autres que financières) (1) **:**		
Achats de marchandises (2)	454 600	
Variation de stocks (moins ou plus) (3)	− 25 000	
Achats de matières premières et consommables (2)	45 000	
Variation de stocks (moins ou plus) (3)	+ 3 000	
Autres charges externes	88 800	
Impôts, taxes et versements assimilés	21 600	
Salaires et traitements	102 200	
Charges sociales	40 400	
Dotations aux amortissements, dépréciations et aux provisions :		
Sur immobilisations : dotations aux amortissements (4)	38 000	
Sur immobilisations : dotations aux dépréciations		
Sur actif circulant : dotations aux dépréciations		
Pour risques et charges : dotations aux provisions		
Autres charges		
Total des charges d'exploitation (1)	768 600	
Quotes-parts de résultat sur opérat. faites en commun (II) (5)		
Charges financières :		
Dotations aux dépréciations et aux provisions		
Intérêts et autres charges assimilées (6)	25 400	
Différence négative de change		
Charges nettes sur cessions de valeurs mobilières de placement		
Total des charges financières (III)	25 400	
Charges exceptionnelles :		
Sur opérations de gestion		
Sur opérations en capital	18 000	
Dotations aux dépréciations et aux provisions		
Total des charges exceptionnelles (IV)	18 000	
Participation des salariés aux résultats (V)		
Impôts sur les bénéfices (VI)		
Total des charges (I + II + III + IV + V + VI)	812 000	
Solde créditeur = bénéfice (7)	128 000	
TOTAL GÉNÉRAL	940 000	

(1) Y compris charges afférentes à des exercices antérieurs
(2) Y compris droits de douane
(3) Stock initial moins stock final
(4) Y compris éventuellement dotations aux amortissements des charges à répartir
(5) À ventiler selon la nature des opérations (transfert de charge au bénéfice, transfert de produit ou perte)
(6) Dont intérêts concernant les entreprises liées...
(7) Compte tenu d'un résultat exceptionnel avant impôt de...

Compte de résultat de l'exercice – Système de base

Produits (hors taxes)	Exercice $N+2$	Exercice N
Produits d'exploitations (autres que financiers) (1) : Ventes de marchandises Production vendue (2)	 899 200 12 000	
Sous-total A - Montant net du chiffre d'affaires	911 200	
Production stockée (variation en plus ou en moins) (3) Production immobilisée Subventions d'exploitation Reprises sur amortis., dépréciations et provisions (4) et transfert de charges Autres produits	 1 000 	
Sous-total B	1 000	
Total des produits d'exploitation (A + B) (I)	912 200	
Quotes-parts de résultats sur opérations faites en commun (II) (5) **Produits financiers :** De participations (6) D'autres valeurs mobilières et créances de l'actif immobilisé (6) Autres intérêts et produits assimilés (6) Reprises sur dépréciations et transferts de charges Différences positives de change Produits nets sur cessions de valeurs mobilières de placement	 6 000 	
Total des produits financiers (III)	6 000	
Produits exceptionnels : Sur opérations de gestion Sur opérations en capital Reprises sur provisions et dépréciations	 21 800 	
Total des produits exceptionnels (IV)	21 800	
Total des produits (I + II + III + IV)	940 000	
Solde débiteur = perte (7)		
Total général	940 000	

(1) Y compris produits afférents à des exercices antérieurs
(2) Y compris prestations de services
(3) Stock final moins stock initial
(4) Autres que reprises sur dépréciations à caractère financier
(5) À ventiler selon la nature des opérations (transfert de charge ou bénéfice, transfert de produit ou perte).
(6) Dont produits concernant les entreprises liées.
(7) Compte tenu d'un résultat exceptionnel avant impôts de...

3. Résultats

• *Résultat d'exploitation* = 143 600	• *Résultat financier* = – 19 400	• *Résultat exceptionnel* = 3 800
Produit d'exploit. = 912 200	Produits financiers = 6 000	Produits exceptionnels = 21 800
– Charges d'exploit. = 768 600	– Charges financ. = 25 400	– Charges exception. = 18 000

Soit un résultat de 128 000.

Entraînement

4 Inventaire - Documents de synthèse

Au 31 décembre *N*, la balance après régularisation de l'entreprise GERMAIN présente les soldes suivants :

	Débit	Crédit
Capital		1 000 000 (3)
Prime d'émission		100 000
Réserve légale		80 000
Réserve statutaire		520 000
Actionnaires, capital souscrit, non appelé	100 000	
Emprunt à plus d'un an		160 000
Emprunt à moins d'un an (2)		40 000
Frais d'augmentation du capital	4 000	
Constructions	460 000	
Matériels industriels	1 640 000	60 000 (1)
Titres de participation	120 000	
Amortissements de frais d'augmentation du capital		800
Amortissements des constructions		46 000
Amortissements des matériels industriels	48 000 (1)	700 000
Stock au 1er janvier	126 000	
Fournisseurs		116 000
Effets à payer		264 000
Fournisseurs, factures non parvenues		20 000
Clients	92 000	
Effets à recevoir	58 000	
État, acomptes impôt sur les bénéfices	80 000	
Valeurs mobilières de placement	60 000	
Provisions par dépréciation des valeurs mobilières		6 000
Banque	56 000	
Caisse	4 000	
Achats de marchandises	1 260 000	
Achats de services extérieurs	150 000	
Autres services extérieurs	160 000	
Impôts, taxes et versements assimilés	66 800	
Rémunérations du personnel	680 000	
Charges sociales	280 000	
Autres charges de gestion courante	86 000	
Charges financières	14 000	
Valeurs nettes comptables des éléments d'actif cédé	12 000 (1)	
Dotations aux amortissements – exploitation	130 000	
Dotations aux dépréciations – charges financières	6 000	
Ventes de marchandises		2 560 000
Produits des cessions des éléments d'actif		20 000 (1)
	5 692 800	5 692 800

(1) correspond à la cession d'une machine en cours d'année.
(2) ce poste contient l'annuité de remboursement
(3) dont 100 000 € de capital non appelé.

Annexe. Bilan $N-1$

ACTIF IMMOBILISÉ			
Immobilisations corporelles			
Constructions	460 000	36 800	423 200
Inst. techn. mat. et outil. industriels	1 340 000	580 000	760 000
Immobilisations financières			
Participations	110 000		110 000
Total	1 910 000	616 800	1 293 200
ACTIF CIRCULANT			
Stocks et en-cours			
Marchandises	126 000		126 000
Créances			
Créances et comptes rattachés	216 800		216 800
Valeurs mobilières de placement			
Titres	60 000		60 000
Disponibilités	178 000		178 000
Total	580 800		580 800
TOTAL GÉNÉRAL			1 874 000
Dettes à moins d'un an			
Emprunt auprès d'établissement de crédit			40 000
Dettes fournisseurs et comptes rattachés			170 000
Dettes fiscales et sociales			8 000
Dettes diverses (1)			56 000
Total			274 000
Excédent de l'actif circulant sur les dettes à moins d'un an :			306 800
Excédent de l'actif sur les dettes à moins d'un an :			1 600 000
Dettes à plus d'un an			
Emprunt auprès d'un établissement de crédit			200 000
Total			200 000
Capitaux propres			
Capital			800 000
Réserve légale			80 000
Réserves statutaires			520 000
Total			1 400 000

(1) Dividendes à payer.

***1.** Les constructions ont été acquises à la création de l'entreprise et sont amorties linéairement. Trouvez la date de création de l'entreprise.*

***2.** La machine cédée avait été acquise à la création de l'entreprise ; le taux d'amortissement linéaire a été calculé sur une durée de 6 ans. Indiquez le mois de cession et le taux d'amortissement. Ce matériel a été changé contre du matériel neuf (1 seul matériel neuf acquis en N), le solde a été réglé par chèque. Présentez les écritures de cession que le comptable a passées ainsi que les écritures concernant les amortissements et les dépréciations en fin d'exercice N. Ne pas tenir compte de la TVA.*

***3.** Présentez le compte de résultat (sachant que le stock final de marchandises est de 762 000 € et que le bénéfice fiscal est égal au bénéfice comptable).*

***4.** Présentez le bilan avant répartition des bénéfices.*

Entraînement

Corrigé

1. Constructions

Montant brut	460 000
Amortissement fin $N-1$	36 800
Amortissement fin N	46 000
d'où annuité :	9 200

Durée d'amortissement : 460 000/9 200 = 50 ans.

Date de création : 46 000/9 200 = 5 ans, soit le 01-01-$N-4$.

2. Valeur d'acquisition du matériel : 60 000 F

Valeur de cession : 20 000 €.

Amortissement sur 6 ans donc annuité : 10 000 €.

48 000 représentent 4 annuités $\frac{8}{10}$ donc cession octobre N

Taux d'amortissement : $\frac{100}{6} = 16{,}66\ \%$

Écritures de cession :

	Octobre N		
681	Dotations aux amortissements - Exploitat.	8 000	
2815	Amort. des matériels industriels (dotation machine cédée)		8 000
675	Val. nette comptable des élém. d'actif cédés	12 000	
281	Amortissements des matériels industriels	48 000	
215	Matériels industriels		60 000
215	Matériels industriels	300 000	
512	Banques		280 000
775	Produits des cessions d'actif cédé		20 000
	31-12-N		
681	Dotations aux amortissements - Exploitat.	122 000	
2813	Amortissement des constructions		9 200
2815	Amortissement des matériels industriels		112 000
2801	Amortissement des frais d'établissement		800
686	Dot. aux dépréciations – Charges financières	6 000	
590	Prov. dépréc. des val. mob. placement		6 000

3. Compte de résultat

Charges d'exploitation		*Produits d'exploitation*	
Achats de marchandises	1 260 000	Ventes de marchandises	2 560 000
Variation de stocks	– 636 000		2 560 000
Autres charges externes	310 000	Produits exceptionnels	
Impôts, taxes et v.a.	66 800	sur opérations en capital	20 000
Salaires et traitements	680 000		20 000
Charges sociales	280 000		
Dot. amort./immobilisat.	130 000		
Autres charges	86 000		
	2 176 800		
Charges financières			
Dot. aux dépréciations	6 000		
Intérêts et autres	14 000		
	20 000		
Charges exceptionnelles			
sur opérations en capital	12 000		
	12 000		
Impôts sur les bénéfices	185 600		
Total des charges	2 394 400		
Solde créd. bénéfice	185 600		
	2 580 000		2 580 000

4. Bilan au 31 décembre *N*

Capital non appelé	100 000		100 000	*Capitaux propres*	
ACTIF IMMOBILISÉ				Capital	1 000 000
Immob. incorporelles				(dont versé : 900 000)	
Frais d'établissement	4 000	800	3 200		
Immob. corporelles				P. d'émission	100 000
Constructions	460 000	46 000	414 000	R. légale	80 000
Inst. techniques	1 580 000	652 000	928 000	R. statutaires	520 000
Immob. financières				Résultat net	185 600
Participations	120 000		120 000		1 885 600
Total	2 164 000	698 800	1 465 200	Dettes	
ACTIF CIRCULANT				Emprunts (1)	200 000
Stock et en-cours				Dettes/fournis.	400 000
Marchandises	762 000		762 000	Dettes fisc. soc.	105 600
Créances					705 600
Créances clients	150 000		150 000		
Val. m. placem.				(1) dont 160 000	
A. titres	60 000	6 000	54 000	à plus d'un an	
Disponibilités	60 000		60 000		
	1 032 000	6 000	1 026 000		
Total général			2 591 200	Total général	2 591 200

Composition : Ici et ailleurs
Éditions Foucher, 58, rue Jean Bleuzen, 92178 Vanves cedex – n° 78538 – octobre 2006 – 01 – SL/AMS/SM
Normandie Roto Impression s.a.s., 61250 Lonrai – N° d'impression 06-2558 – Imprimé en France